Marcus Spieker

Klassifizierung von Optimierungsverfahren in Supply Cha ... Systemen

Bibliografische Information der Deutschen Nationalbibliothek:

Bibliografische Information der Deutschen Nationalbibliothek: Die Deutsche Bibliothek verzeichnet diese Publikation in der Deutschen Nationalbibliografie; detaillierte bibliografische Daten sind im Internet über http://dnb.d-nb.de/ abrufbar.

Copyright © 2002 Diplomica Verlag GmbH
Druck und Bindung: Books on Demand GmbH, Norderstedt Germany
ISBN: 9783838666402

http://www.diplom.de/e-book/222027/klassifizierung-von-optimierungsverfahren-in-supply-chain-management-systemen

Marcus Spieker

Klassifizierung von Optimierungsverfahren in Supply Chain Management-Systemen

Diplom.de

Marcus Spieker

Klassifizierung von Optimierungsverfahren in Supply Chain Management-Systemen

Diplomarbeit
an der Universität - Gesamthochschule Paderborn
Fachbereich Informatik / Wirtschaftsinformatik
November 2002 Abgabe

Diplom.de

Diplomica GmbH
Hermannstal 119 k
22119 Hamburg

Fon: 040 / 655 99 20
Fax: 040 / 655 99 222

agentur@diplom.de
www.diplom.de

ID 6640

ID 6640
Spieker, Marcus: Klassifizierung von Optimierungsverfahren in Supply Chain
Management-Systemen
Hamburg: Diplomica GmbH, 2003
Zugl.: Paderborn, Universität · Gesamthochschule, Diplomarbeit, 2002

Diplomica GmbH
http://www.diplom.de, Hamburg 2003
Printed in Germany

Inhaltsverzeichnis

Abbildungsverzeichnis

Tabellenverzeichnis

Abkürzungsverzeichnis

APS	Advanced Planning Systems / Advanced Planning & Scheduling
B&B	Branch and Bound
BDE	Betriebsdatenerfassung
CIM	Computer Integrated Manufacturing
DSS	Decision Support System
EA	Evolutionäre Algorithmen
ECR	Efficient Costumer Response
EDI	Electronic Data Interchange
ERP	Enterprise Ressource Planning
EVA	Eingabe-Verarbeitung-Ausgabe
GIGO	Garbage In - Garbage Out
IP	Integer Programming
JIT	Just-In-Time
KNN	Künstlich Neuronale Netze
LP	Linear Programming
MAS	Multiagentensysteme
MDE	Maschinendatenerfassung
MIP	Mixed Integer Programming
MIT	Massachusetts Institute of Technology
MRP	Material Requirements Planning
MRP II	Manufacturing Resource Planning
NEOS	Network-Enabled Optimization System
PPS	Produktionsplanung und -steuerung
QR	Quick Response
SA	Simulated Annealing
SCOOP	Scientific Computation of Optimum Programs
SCM	Supply Chain Management
TA	Threshold Accepting
TD	Tabudauer
TQM	Total Quality Management
VMI	Vendor Managed Inventory

1 Einleitung

Einführung

Ein Blick in die Geschichte zeigt, dass man sich bereits vor einigen Jahrhunderten mit den Möglichkeiten beschäftigte, betriebswirtschaftliche Abläufe effizienter zu gestalten. So hat Adam Smith schon 1776 in seinem Werk „Der Wohlstand der Nationen" auf die Wirkung der Arbeitsteilung hinsichtlich einer Vervollkommnung der Produktivkräfte hingewiesen.[1] Das Streben nach optimalen Produktionsabläufen - und damit auch immer nach Gewinnmaximierung – zieht sich von da an wie ein roter Faden durch die jüngere Geschichte bis in die Gegenwart. Neben weiteren Wissenschaftlern, die sich mit der Entwicklung der Wirtschaft auseinander setzten, sei als weiterer Meilenstein auf die Industrialisierung hingewiesen, die mit der Erfindung der Dampfmaschine in England begann. Maschinen übernahmen von da an immer mehr Arbeiten, die vorher in Schwerstarbeit von Menschenhand erledigt werden mussten und trugen so zu mehr Effizienz in den Unternehmen bei. Die Fließbandfertigung des Automobilherstellers Ford zu Beginn des 20. Jahrhunderts stellte ebenfalls einen Höhepunkt im Bestreben, Produktionsabläufe kostengünstiger und optimaler zu gestalten, dar. Im Zweiten Weltkrieg wurden erstmals Methoden des Operations Research und der Logistik angewandt um so Truppenbewegungen und Nachschubtransporte zu analysieren. Die Erkenntnisse daraus wurden nach dem Zweiten Weltkrieg aufgegriffen und auf Problemstellungen in der Wirtschaft verlagert. Insbesondere ab den 60er Jahren wurde mit Hilfe der Entwicklungen in der Informationstechnologie und der computergestützten Arbeit die Forschung auf dem Gebiet des Operations Research vorangetrieben. Die Fortschritte auf dem Gebiet der Rechnerleistung gerade in den letzten Jahren hat mittlerweile dazu geführt, dass auch komplexe betriebswirtschaftliche Aufgabenstellungen in kurzer Zeit mit Hilfe von Computern bearbeitet werden können.

Wandel der Rahmenbedingungen

Mit der Verbreitung des Internets und anderer Informations- und Kommunikationsmethoden, ist die Welt näher zusammengerückt. Im Zuge dieser Globalisie-

---

[1] Vgl. dazu A. Smith, Der Wohlstand der Nationen, Auszüge dazu in Sekundärliteratur [Reiß98, S.2ff.].

rung wurden Fusionen zwischen Unternehmen beschlossen oder weltweite Kooperationen eingegangen, die auf den Erhalt oder der Stärkung der Position gegenüber den Wettbewerbern gerichtet sind. So kann beispielsweise ein Unternehmen mit Standorten in Asien, Europa und Amerika rund um die Uhr an der Entwicklung von Produkten arbeiten und dabei auf eine gemeinsame Datenbasis zurückgreifen. Gleichzeitig haben sich die Produktlebenszyklen erheblich verkürzt
und die Transportwege verlängert. Firmen konzentrieren sich daher verstärkt auf
ihre Kernkompetenzen und geben andere Bereiche im Rahmen des Outsourcing
ab, um so gestärkt auf dem Markt aufzutreten. Diese Spezialisierung führt dazu,
dass oft eine Vielzahl von Unternehmen an der Herstellung und dem Vertrieb eines Produktes beteiligt sind. Weltweit agierende Unternehmen sehen sich des weiteren vor die Herausforderung gestellt, auf unterschiedlichen lokalen Kundenprä-
ferenzen eingehen zu müssen. Das effiziente Management solcher zumeist global
agierender Unternehmensnetzwerke ist somit ein entscheidender Wettbewerbsvor-
teil, denn heute konkurrieren nicht mehr nur Unternehmen auf den Märkten, sondern ganze Wertschöpfungsketten stehen im Wettbewerb zueinander. *„Im Zeitalter der globalen Netzwerke gewinnt [daher] eine unternehmensübergreifende
Wertschöpfungsorientierung zunehmend an Bedeutung."* [Wild00, S.6].

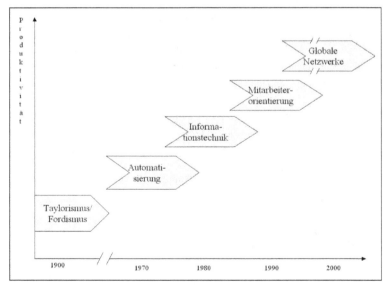

*Abbildung 1: Betriebswirtschaftliche Entwicklungen im Zeitverlauf, in Anlehnung
an [Wild00, S.6].*

Vorgehensweise und Aufbau der Arbeit

Das Konzept des Supply Chain Managements greift diesen Ansatz auf und versucht den Güter- und Informationsfluss unternehmensübergreifend zu optimieren. Dazu bedient es sich vermehrt den Erkenntnissen aus dem Gebiet des Operations Research und wendet dabei entsprechende Optimierungsverfahren an. Ziel dieser Arbeit ist es, einen Überblick über diese Optimierungsverfahren zugeben und anhand von zu bestimmenden Merkmalen zu klassifizieren. Dazu soll im nächsten Kapitel zunächst das Konzept des Supply Chain Managements vorgestellt und erläutert werden. Dabei wird eine Abgrenzung zu anderen Konzepten oder Begrifflichkeiten vorgenommen und eine Definition erarbeitet. Im dritten Kapitel soll die Umsetzung des Konzepts durch SCM-Systeme veranschaulicht werden. Das vierte und fünfte Kapitel befasst sich dann als Schwerpunkt dieser Arbeit mit der Optimierung im Allgemeinen, sowie der Untersuchung von Optimierungsverfahren, die im Bereich des Supply Chain Managements Anwendung finden. Kapitel sechs wird dann als Ergebnis der Untersuchung eine Klassifizierung der Optimierungsverfahren in Supply Chain Management-Systemen vornehmen. Zum Abschluss dieser Arbeit werden die Ergebnisse im Rahmen eines Resümees zusammengefasst und kritisch gewürdigt.

2 Supply Chain Management

2.1 Allgemeines

In den letzten Jahren haben sich viele Unternehmen im Zuge der Konzentration auf ihre Kernkompetenzen und der verstärkt prozessorientierten Sichtweise interner unternehmerischer Abläufe von Unternehmensteilen, bzw. Abteilungen getrennt. Dieses Outsourcing von Kapazitäten und Kompetenzen führte dazu, dass aus selbständig am Markt agierenden Erzeugern mit hoher Fertigungstiefe komplexe Unternehmensverbünde mit in sich verzahnten Logistikketten entstanden sind. [Gron99, S.207] Das Konzept des Supply Chain Mangements setzt an dieser unternehmensübergreifenden Sichtweise und den sich daraus ergebenden Optimierungspotentiale an. Die Idee des SCM hat seine Wurzeln in den USA und ist seit den frühen 60er-Jahren durch die Arbeiten von Burbidge (1961) zum Materialfluss in der Versorgungskette und Forrester (1961) zum klassischen Modell der Versorgungskette im Hinblick auf unternehmensübergreifende Logistikkonzepte bekannt. [CoGa02, S.6] Die Begriffe Supply Chain, bzw. Supply Chain Management sind aber erst in der Mitte der 1990er-Jahre im Feld der Logistik und auch des allgemeinen Managements in den Mittelpunkt des Interesses gerückt. [KlKr00, S.449] Das SCM wird daher im Grunde schon seit einigen Jahrzehnten umfassend diskutiert und Dank der Fortschritte im Bereich der Informationstechnologie konsequent weiterentwickelt. *„Trotz dieser intensiven Auseinandersetzung ist aus wissenschaftlicher Sicht allerdings festzustellen, dass sehr wenig über die generelle Anwendbarkeit und Multiplizierbarkeit, mithin also über die Qualität dieser Diskussion vorliegt. Aus akademischer Sicht mangelt es an externer Validität der vorliegenden Befunde zur theoretisch und empirischen Absicherung des SCM-Konzepts. [...] Dies mag auf die zur Zeit durch Praktiker dominierte Auseinandersetzung mit der Thematik zurückzuführen sein, deren Überlegungen oft in nicht systematischer Form präsentiert werden."* [OtKo01, S.157] Daraus folgt aber auch, dass es zum SCM keine einheitliche Definition gibt, sondern dass je nach Betrachtungsweise eine breite Palette von Begriffsbestimmungen und Definitionen versuchen den Kern des SCM zu treffen. *„Einigkeit besteht allein darin, dass sowohl die informationstechnische Integration als auch die partnerschaftliche Zusammenarbeit über Unternehmensgrenzen hinaus zu den Kernelementen des SCM gehören."* [KoLe00, S.4] Da das SCM jedoch die Grundlage dieser Arbeit bildet, gilt es diesem Begriff eine für diese Arbeit grundlegende Definition zuzuweisen und darüber hinaus das SCM von anderen Begriffen aus dem Bereich der Produktionsplanung- und steuerung, bzw. der Logistik eindeutig abzugrenzen. Dazu soll zunächst die grundsätzliche Problematik des Zusammenspiels der verschiedenen Teilnehmer einer Lieferkette anhand des Bullwhip-Effekts erläutert werden. Anschließend wird im nächsten Abschnitt eine Definition erarbeitet, die im Rahmen der weiteren Betrachtung dem Ziel, nämlich der Klassifizierung von Optimierungsverfahren im SCM, dienlich ist. Weiterhin wird eine Abgrenzung zu Begriffen und Konzepten vorgenommen die im Umfeld des SCM zu finden sind, sich häufig mit Teilbereichen des SCM überschneiden oder gar im SCM aufgegangen sind. Damit soll gewährleistet werden, dass das Konzept des SCM greifbarer wird und die weiterführenden Ausarbeitungen besser einzuordnen sind.

2.2 Der Bullwhip-Effekt

Das Unternehmen Procter & Gamble sah sich Anfang der 90er-Jahre mit der Problematik konfrontiert, dass die Nachfrage nach Windeln bei den Großhändlern stark schwankte, obwohl der Konsum von Seiten der Endverbraucher relativ konstant war und daher nur unbedeutenden Schwankungen seitens der Verbraucher unterlag. Diese Nachfrageschwankungen führten bei Procter & Gamble zu unerwünschten Überkapazitäten und dem Aufbau von Beständen in der Produktion. Des weiteren war zu beobachten, dass beim Zulieferer 3M sogar noch größere Schwankungen auftraten. Dieser Aufschaukelungsprozess entlang der Wertschöpfungskette (vgl. Abb.2) ist auch bei anderen Unternehmen erkannt worden und wird als Bullwhip-, bzw. Peitscheneffekt bezeichnet. Bildlich gesprochen genügt eine Handbewegung des Konsumenten um den Aufschaukelungsprozess auszulösen. Je „weiter" ein Unternehmen vom Endverbraucher weg ist, desto härter treffen ihn die Auswirkungen.[2]

---

[2] Der Vergleich mit dem Kinderspiel „Stille Post", bei dem Nachrichten durch Flüstern weitergeleitet werden, mit dem Ergebnis das der Informationsgehalt beim Empfänger meist nur wenig mit der Ausgangsnachricht gemeinsam hat, wird ebenfalls von Autoren zur Veranschaulichung herangezogen. So z.B.: [CoGa02, S.10].

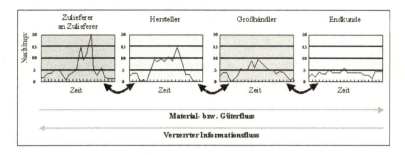

Abbildung 2: Bullwhip-Effekt [Busc02-ol].

Die Gründe für diese Entwicklung liegen u.a. in den lokalen Prognoseverfahren, in Lieferengpässen und in der immer größeren Variantenvielfalt von Produkten. Jede Stufe einer Supply Chain erstellt häufig eine eigene Prognose des zu erwartenden Bedarfs auf der Grundlage historischer Bestelldaten, die aber aufgrund von Saisoneinflüssen oder Änderungen des Niveaus dem realen Verlauf hinterherlaufen und zu einer Unterdeckung des tatsächlichen Bedarfs führen kann. Bei der Berechnung der zu produzierenden, bzw. zu bestellenden Menge wird der aktuelle Bestand und die Prognose verwendet, so dass es zu einer Überreaktion auf die Niveauveränderung kommt, die sich auf den nachfolgenden Stufen fortsetzt und sich die Überreaktionen entlang der Kette aufschaukeln.[3] [Alic01-ol, S.4] Die Variantenvielfalt kann man als Grund des Aufschaukelungsprozesses sehen, wenn die Komponenten bereits in einem sehr frühen Stadium der Produktion gefertigt werden. Die vorzeitige Produktion von Produktvarianten aufgrund von Prognosen kann insbesondere bei kurzlebigen Produkten, wie z.B. in der Informationstechnologie, dazu führen, dass mehr Produkte vorgehalten werden als später konsumiert werden und Überbestände aufgebaut werden. Je später die Variantenbildung durch den Anbau von Komponenten erfolgt, z.B. erst kurz vor der Auslieferung des Produkts, desto kürzer ist die Reaktionszeit auf Nachfrageschwankungen. Eine erhöhte Flexibilität, sowie Einsparungen in den Sicherheitsbeständen entlang der Lieferkette können so realisiert werden. [Alic01-ol, S.5] *„Ein wesentliches Problem von unternehmensübergreifenden, mehrstufigen Supply Chains ist, dass Informationen in jeder Stufe der Kette, d.h., vom Kunden, über den Einzel- und*

---

[3] Zur Veranschaulichung des Aufschaukelungsprozesses wird häufig das „Beer Game", oder auch „Beer Distribution Game" vom MIT herangezogen. Vgl. z.B. [CoGa02, S.15], [HaPi00, S.101ff.]sowie Ausführungen und Programm auf dem Buch beiliegender CD-ROM von [SKS00].

Großhändler bis hin zum eigentlichen Hersteller der Waren verzögert, verändert und in vielen Fällen falsch interpretiert werden. " [CoGa02, S.9f.] Es gilt also diese Entwicklung, hervorgerufen durch Datenverzerrungen aufgrund von mangelndem Informationsaustausch sowie lokalen Optimierungsbemühungen, durch unternehmensübergreifender Optimierung entgegenzuwirken. Die Untersuchung der Gründe für den Bullwhip-Effekt und dessen Vermeidung ist zu einem wichtigen Forschungsbereich des SCM geworden. [Stad00, S.22]

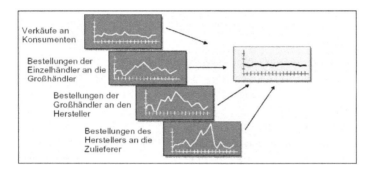

Abbildung 3: Ausgleich des Bullwhip-Effekts, in Anlehnung an [Knol00-ol, S.8].

„Die entscheidende Entwicklung um den Peitscheneffekt zu reduzieren, ist die Konvergenz von Logistik, Informationstechnologie und Operations Research. " [CoGa02, S.15] Nur die Annäherung der verschiedenen Ausprägungen betriebswirtschaftlicher Methoden und Vorgehensweisen im Hinblick auf das Ziel einer unternehmensübergreifenden Wertschöpfungskette kann zu einem erfolgsversprechenden Ergebnis kommen (vgl. Abb. 3). Zu diesem Zweck muss ein durchgängiges Informationssystem implementiert werden, um Informationen und Daten ohne Medienbruch übermitteln zu können und um den Peitscheneffekt, als Folge von lokaler Optimierung, durch unternehmensübergreifende Optimierung entgegenzuwirken.

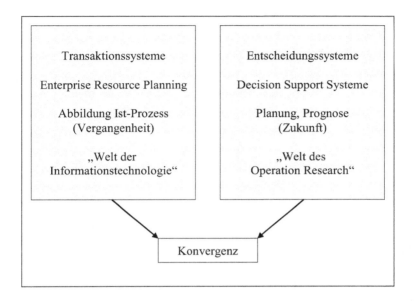

Abbildung 4: Konvergenz zwischen Logistik, IT und Operations Research in Anlehnung an [CoGa02, S.16].

2.3 Abgrenzung

2.3.1 Das Umfeld des Supply Chain Managements

Die u.a. Abbildung zeigt in Anlehnung an Kortmann/Lessing einige Begriffe und Konzeptkürzel, die oft im Umfeld von Supply Chain Management zu finden sind und dadurch eine eindeutige Abgrenzung und Definition erschweren. Auf einige dieser Konzepte soll hier nun näher eingegangen und deren Verhältnis zum SCM erläutert werden. Einige der an dieser Stelle nicht weiter ausgeführten Konzepte sind im Anhang A erläutert.

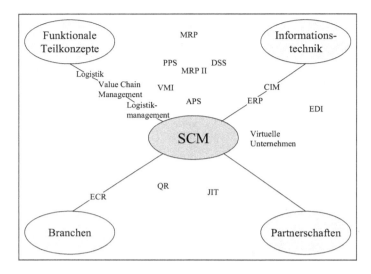

Abbildung 5: Konzepte im Umfeld von SCM, in Anlehnung an [KoLe00, S.7].

2.3.2 Entwicklung zum SCM

Betrachtet man die Entwicklung von Konzepten und Anwendungen im Bereich der betriebswirtschaftlichen Funktionen, lässt sich ein Trend erkennen. Zunächst wurden nur materialwirtschaftliche Aufgaben (MRP) abgebildet, die aber im Laufe der Zeit und damit auch mit Hilfe der informationstechnologischen Entwicklung immer größere betriebswirtschaftliche Bereiche einschloss (vgl. Abbildung 6). Diese Entwicklungsstufen sollen nun kurz erläutert werden, so dass neben einer Abgrenzung auch die Entstehungsgeschichte des Supply Chain Management dargestellt wird.

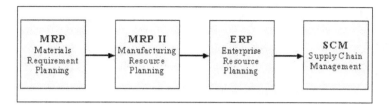

Abbildung 6: Evolutionsstufen der Produktionslogistik, in Anlehnung an [Baue02, S.7].

2.3.3 Materials Requirement Planning (MRP)

MRP bzw. MRP I behandelt lediglich materialwirtschaftliche Aspekte des Planungsproblems. D.h. es ist nicht sichergestellt, dass die vorhandenen Kapazitäten in jeder Planungsperiode ausreichen, um alle eingelasteten Aufträge auszuführen. Vielmehr wird, ausgehend von einem terminierten Produktionsplan für die Endprodukte, durch Stücklistenauflösung und Vorlaufverschiebung die Losgrößen der Vor- und Zwischenprodukte auf allen vorgelagerten Produktionsstufen so terminiert und bestimmt, dass ein zulässiger Gesamtplan entsteht. [Comp02-ol]

2.3.4 Manufacturing Resource Planning (MRP II)

MRP II ist aus dem MRP entstanden. Es ist eine Methode, die die Planung aller Ressourcen eines Produktionsunternehmens vornimmt. Dabei integriert MRP II die monetäre Geschäftsplanung und die marketingorientierte Produktionsprogrammplanung mit der fertigungsnahen Kapazitäts- und Materialbedarfsplanung, sowie mit der Produktionssteuerung, der Betriebsdatenerfassung (BDE) und der Maschinendatenerfassung (MDE). Die Planung erfolgt hier sequentiell mit einer Reihe von Feedback-Schleifen. [Comp02-ol] Der traditionelle MRP-Lauf, auf dem alle gängigen ERP-Systeme beruhen, kann nicht über mehrere Systeme hinweg geführt werden. Ein Datenaustausch ist hier nicht möglich. [Lutz00-ol]

Die Erfahrung hat gezeigt, dass das den in der Praxis eingesetzten MRP- bzw. MRP II-Systemen zugrundeliegende Sukzessivplanungskonzept[4] weder aus praktischer noch aus theoretischer Sicht dem Planungsanforderungen gerecht wird. Das Hauptproblem besteht darin, dass die Ressourcen in keiner der sukzessiv

---

[4] Vgl. dazu Kapitel 4.3.

durchlaufenen Planungsphasen berücksichtigt werden und dadurch Pläne erzeugt werden, deren Nichtdurchführbarkeit regelmäßig zu spät erkannt wird. [Temp99, S.69]

2.3.5 Produktionsplanung und -steuerung

Systeme zur Produktionsplanung und –steuerung (PPS) sind in der Abbildung 6 zwar nicht aufgeführt, sollen aber trotzdem kurz erwähnt werden. Sie beruhen zumeist auf den MRP II-Ansatz und sind vorrangig auf innerbetriebliche Belange eines Unternehmens ausgelegt. Die Produktionsplanung umfasst dabei die Produktionsprogrammplanung, Mengenplanung, Termin- und Kapazitätsplanung. Die Produktionssteuerung schließt Auftragsveranlassung und Auftragsüberwachung ein. [Comp02-ol]

2.3.6 Enterprise Resource Planning (ERP)

Enterprise Resource Planning integriert unter Zuhilfenahme von Softwarepaketen alle unternehmensweiten Vorgänge wie Controlling, Finanzbuchhaltung, Einkauf, Materialwirtschaft u.a.. ERP-Systeme werden daher in stärkerem Maße als PPS-Systeme von der softwaretechnischen Realisierung getragen, knüpfen aber schwerpunktmäßig an den unternehmensinternen Prozessen der Produktion und Logistik an. [CoGö01, S.152] Diese ERP-Systeme sind belegorientierte Transaktionssysteme, die im wesentlichen den Ist-Zustand und innerbetriebliche Vorgänge abbilden, sowie darüber hinaus historische Daten verwalten. [Comp02-ol]. Hinsichtlich des Funktionsumfangs stellen ERP-Systeme Erweiterungen der klassischen PPS-Systeme dar. [CoGö01, S.151] Als letzte Evolutionsstufe vor dem Supply Chain Management gilt es die Beziehung zwischen ERP und SCM genauer zu untersuchen. Zuvor soll der Begriff der Logistik erläutert und definiert abgegrenzt werden, da es hier oft zu Problemen hinsichtlich der Abgrenzung zum Supply Chain Management kommt.

2.3.7 Logistik

Der Begriff Logistik entstammt ursprünglich aus dem Militärwesen und zielte dabei insbesondere auf die Nachschubgestaltung und den Truppenbewegungen während des Zweiten Weltkrieges.[5] Heute wird Logistik mit der koordinierten und überwachten Bewegung aller Material- und Güterströme in und zwischen Unternehmen in Verbindung gebracht. *„Logistik wird [...] verstanden als marktorientierte, integrierte Planung, Gestaltung, Abwicklung und Kontrolle des gesamten Material und dazugehörigen Informationsflusses zwischen einem Unternehmen und seinen Lieferanten, innerhalb eines Unternehmens sowie zwischen einem Unternehmen und seinen Kunden."* [Schu99, S.1] Diese Definition von Logistik sieht ein Unternehmen im Mittelpunkt der Betrachtung, während z.B. Günther/Tempelmeier etwas abstrakter von der Überbrückung räumlicher, zeitlicher und mengenmäßiger Differenzen zwischen Angebot und Nachfrage sprechen, wobei die gesamte logistische Kette „Zuliefer-Produzent-Abnehmer" („Supply Chain", Supply Network") erfasst wird. [GüTe00, S.9]

Im Ergebnis lässt sich feststellen, dass man das Supply Chain Management einerseits als eine neue Managementkonzeption bis hin zu einer neuen betriebswirtschaftlichen Teildisziplin interpretiert und auf der anderen Seite als eine qualitativ höhere Entwicklungsstufe im Lebenszyklus des Logistikmanagements. [Göpf00, S.259] Im Rahmen dieser Arbeit wird der Argumentation von Knolmayer/Mertens/Zeier gefolgt, die unter Logistik die Planung und Steuerung von Material- und Informationsflüssen verstehen und auf die Perspektive eines Unternehmens ausgerichtet sind. Supply Chain Management hingegen geht über die betriebsindividuelle Betrachtung hinaus und umfasst neben operativen auch strategische Fragestellungen. [KMZ00, S.1f.]

2.3.8 ERP vs. SCM

Das Enterprise Resource Planning integriert unter Zuhilfenahme von Softwarepaketen alle unternehmensweiten Vorgänge, während Supply Chain Management auf die unternehmensübergreifende Zusammenarbeit zielt. Jede einzelne Unternehmung der Supply Chain benötigt trotz einer SCM-Software ein entsprechendes ERP-System, mit dessen Hilfe die Stamm- und Auftragsdaten weiterhin verwaltet werden, so dass ein ERP-System das „Backbone" für das SCM-System bildet und diesem die notwendigen Daten zur Verfügung stellt. [CoGö01, S.153] Aus der Perspektive der Software lassen sich dabei zwei Gruppen bilden. Zum einen SCM-Software, die auch einzelne Module von ERP-Systemen ersetzt und sämtli-

---

[5] Ebenso wird auf die erstmals umfassendere Anwendung des Operation Research im Zweiten Weltkrieg hingewiesen, vgl. [EBL98, S.1].

che oder Teilbereiche der SCM-Funktionalitäten abdeckt. Zum anderen ERP-Systeme, die durch zusätzliche SCM-Module ergänzt werden. [CoGö01, S.153] Auf diese modulare Sichtweise soll in nächsten Kapitel näher eingegangen werden. Zunächst soll aber im Anschluss eine für diese Arbeit gültige Definition von Supply Chain Management erarbeitet werden.

2.3.9 Definition

Nachdem das Konzept des SCM gegenüber anderen Methoden abgegrenzt wurde, soll nun eine für diese Arbeit geltende Definition erarbeitet werden. Eine erste Annäherung kann durch eine wörtliche Übersetzung der Begriffsbestandteile erfolgen. Supply Chain kann demnach mit Beschaffungs- oder Belieferungskette übersetzt werden. Der Begriff Management umfasst als Funktion die Steuerungsaufgaben, die bei der Leistungserstellung und –sicherung in arbeitsteiligen Systemen erbracht werden müssen. [Lang00, S.106] Supply Chain Management wird daher in der deutschsprachigen Literatur häufig auch als Lieferkettenmanagement bezeichnet, vgl. z.b. [BuRü01, S.260], generell hat sich aber durchgehend die anglistische Formulierung durchgesetzt. Diese Interpretation des Begriffs SCM greift allerdings zu kurz, zielt sie doch nur auf logistische Beziehungen eines Unternehmens zu seinen Zulieferern.

Das Gabler Logistik Lexikon definiert Supply Chain Management als die aktive Gestaltung und laufende Mobilisierung der Versorgungskette in der Wirtschaft mit dem Ziel der Sicherung und Steigerung der Erfolgs der beteiligten Unternehmen. [Klau00, S.450]

Gronau definiert SCM als die prozessorientierte Gestaltung, Lenkung und Entwicklung aller Aktivitäten von der Beschaffung der Rohmaterialien bis zum Verkauf an den Endverbraucher. Ziel ist es, ausgewählte Kooperationspartner in einer langfristigen und partnerschaftlichen Beziehung in das Wertschöpfungssystem des Unternehmens zu integrieren, um durch Abstimmung, Nutzung und Verbesserung der gemeinsamen Fähigkeiten die Wettbewerbsposition der gesamten Logistikkette zu steigern. [Gron99, S.207]

Während die oben angeführten Definitionen den Fokus auf die Wertschöpfungskette legen, wird eine Supply Chain auch immer häufiger als ein Netzwerk verschiedener Organisationen verstanden, die zusammenarbeiten, um ein Produkt herzustellen und dem Endkunden zu liefern. [DPR01, S.1368]. Die eigentlichen Herausforderungen liegen somit in der Unterstützung der schnellen Gestaltung und der Steuerung komplexer logistischer Netzwerke. [Scho99, S.3] Schönsleben definiert SCM daher als „*die Koordination einer strategischen und langfristigen Zusammenarbeit von Ko-Herstellern im gesamten Logistiknetzwerk zur Entwicklung und Herstellung von Produkten – sowohl in Produktion und Beschaffung als auch in Produkt- und Prozessinnovation. Jeder Ko-Hersteller ist dabei auf seinen Kernkompetenzen tätig. Die Auswahl der Ko-Hersteller erfolgt über ihr Potential zur Realisierung von kurzen Durchlaufzeiten.*" [Schö00, S.53] Der Ko-Hersteller verfügt in diesem Zusammenhang über Know-how für Produkte. Im Logistiknetzwerk arbeitet er nicht nur in der Produktion, sondern auch in Forschung, Entwicklung und Konstruktion mit. [Schö00, S.47]

Supply Chain Management im Sinne in dieser Arbeit wird in Anlehnung an Wildemann wie folgt definiert:

Supply Chain Management ist eine Organisations- und Managementphilosophie, die durch eine prozessoptimierende Integration der Aktivitäten der am Wertschöpfungssystem beteiligten Unternehmen auf eine unternehmensübergreifende Koordination und Synchronisation der Informations- und Materialflüsse zur Kosten-, Zeit- und Qualitätsoptimierung zielt.

Abbildung 7: Definition Supply Chain Management, vgl. [Wild00, S.22].

Neben der Integration von Partnern entlang einer Wertschöpfungskette wird hier auch die Koordination und damit auch die Optimierung von Material-, Informations- und Finanzflüssen hervorgehoben, um so die Wettbewerbsfähigkeit der Supply Chain zu stärken.

Hersteller von SCM-Tools (wie i2, Manugistics, SAP, Numetrix u.a.) haben sich zum Ziel gesetzt, diesen Anforderungen an die Optimierung und Verwaltung der Lieferkette durch den Einsatz ihrer Softwaresysteme gerecht zu werden. Typische Merkmale solcher SCM-Tools sind eine auf Restriktionen basierenden Planung, die Möglichkeit der Modellgenerierung unter Verwendung sogenannter „Whatif"-Szenarien, eine übergreifende Planung und Optimierung in Echtzeit, die Möglichkeit zur Einbindung von Lieferanten, Werken und Kunden, sowie eine integrierte Entscheidungsunterstützung. [Jiri99-ol] Auf die SCM-Systeme und deren Aufbau soll im folgenden Kapitel eingegangen werden.

3 Supply Chain Management-Systeme

Auf die Umsetzung des Supply Chain Management Gedanken durch moderne Instrumente der Informationstechnologie haben sich eine Vielzahl von Unternehmen spezialisiert. An dieser Stelle sei auf diverse Marktstudien hingewiesen die sich mit den angebotenen Software-Paketen auseinandergesetzt haben, wie z.B. Kortmann/Lessing [KoLe00] oder Kulow/Palm/Laakmann/Witthaut [KPLW99]. Daneben gibt es eine Reihe von Unternehmensberatungen die sich auf die oft langwierige und kostspielige Implementierung der SCM-Systeme fokussiert haben. Einen Überblick über Software-Systeme in Unternehmen zeigt Abbildung 8.

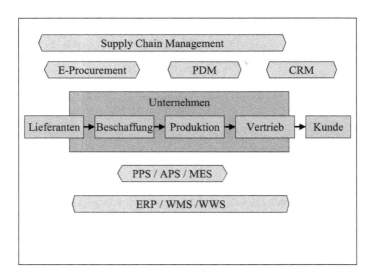

Abbildung 8: Software-Systeme im Unternehmen, in Anlehnung an [HPR02, S.2].

3.1 SCOR-Modell

Im Jahre 1996 wurde eine Organisation mit Namen „Supply Chain Council" gegründet, die es sich zur Aufgabe gemacht hat, unternehmensübergreifende Prozessketten zu standardisieren. Das von ihr geschaffene Supply Chain Operations

Reference-Modell (SCOR-Modell) stellt dazu ein Hilfsmittel zur Verfügung, um
ein gemeinsames Verständnis für die Abläufe in den verschiedenen, an einem
Logistiknetzwerk beteiligten Unternehmen zu erreichen. [Schö00, S.150f.] Dem
Supply Chain Council gehören mittlerweile über 500 Unternehmen an.

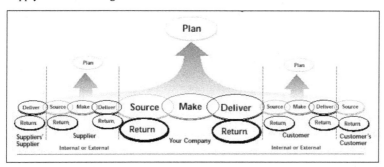

Abbildung 9: Kernprozesse im Supply Chain Management, in Anlehnung an
[Supp02-ol, S.3].

Die integrierte Supply Chain im SCOR-Modell umfasst die gesamte Wertschöpfungskette, d.h. alle Material-, Waren- und Informationsströme vom Lieferanten
des Lieferanten zur Fertigung über die Auslieferung bis hin zum Kunden des
Kunden. Folgende Aktivitäten und Kernprozesse werden im SCOR-Modell unterschieden (vgl. [WHK+98, S.19]:

- Beschaffung: Hierunter fällt insbesondere der Erwerb, der Erhalt, die Prüfung und die Bereitstellung eingehenden Materials sowie die dazugehörigen Infrastrukturmaßnahmen.

- Produktion: Die eigentlichen Produktionsprozesse, von der Anforderung
  und dem Erhalt von Rohmaterial über die Produktion bis hin zur Montage
  und Verpackung, sind hier aufgeführt. Maschinen , Produktionspläne, Pro-
  duktionsqualität und Kurzfristkapazität zählen zur Infrastruktur.

- Distribution: Der Kernprozess der Lieferung erfasst die Nachfrage, und
  beinhaltet ein Auftragsmanagement und die Distributionsprozesse. Die
  Infrastruktur bezieht sich hier auf die Distributionskanäle.

- Planung: Alle vorbereitenden Aktivitäten, wie z.B. Zuweisung von Ressourcen, Produktion, Distribution, Kapazitätsplanung und Auftragsvertei-
  lung, zählen hierzu. Darüber hinaus wird die Infrastruktur geplant (Make-

or-buy-Entscheidungen, Langfrist-Ressourcen- und Kapazitätsplanung, Produktplanung, etc.).

Diese Kernprozesse werden in zwei weiteren Ebenen detaillierter beschrieben, die an dieser Stelle nicht weiter ausgeführt werden sollen. Ebene 2 differenziert das SCOR-Modell in 19 Prozesskategorien, Ebene 3 konfiguriert diese Prozesse dann anhand branchenspezifischer Prozesselemente. [WHK+98, S.19]

Die Kernprozesse stellen elementare Vorgänge dar, auf die im weiteren Verlauf der Arbeit noch zurückgegriffen wird. Dabei wird neben den Planungsaufgaben Beschaffung, Produktion und Distribution noch der Absatz hervorgehoben.

3.1.1 SCM-Software

Das Aufgabenspektrum von SCM-Software gliedert sich in die beiden Hauptaufgabenbereiche des Supply Chain Planning (SCP) und des Supply Chain Execution (SCE). Supply Chain Planning wird als strategische, taktische und operative Planung des Wertschöpfungsnetzwerkes verstanden. Supply Chain Execution-Systeme erhöhen durch Zugriff auf die verschiedenen Datenpools der beteiligten Wertschöpfungspartner die Effizienz und Zuverlässigkeit des Order-Managements über alle Wertschöpfungsstufen. [Gesa01-ol] Einen Überblick über die Funktionalitäten von Supply Chain Management zeigt Abbildung 10.

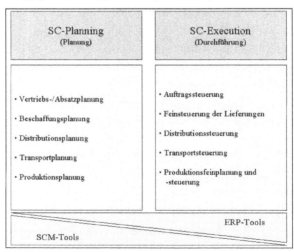

Abbildung 10: SCM-Funktionalitäten im Überblick, in Anlehnung an [BLW00-ol, S.3].

20

Die Verknüpfung von Planungs- und Ausführungsaufgaben wird durch den Aufgabenbereich des Available-to-Promise (ATP) und des Capable-to-Promise (CTP) realisiert.[6] [KPLW99, S.22]

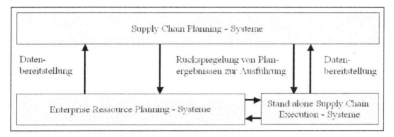

Abbildung 11: Das Verhältnis von ERP- und SCM-Systemen, in Anlehnung an [Gesa01-ol].

Wie bereits im vorangegangenen Kapitel hervorgehoben, ersetzen Supply Chain Management-Systeme nicht die Systeme für das Enterprise Ressource Planning, sie erhöhen vielmehr deren Nutzen durch gezielte Ergänzungen und Verbesserungen der Planungsfunktionalität.

Die Anwendung von Optimierungsverfahren im Supply Chain Management liegt schwerpunktmäßig im Supply Chain Planning und ist in der Vergangenheit in den Fokus der Akteure in Wissenschaft und Praxis gelangt. Neue Planungstechniken sind unter der Bezeichnung Advanced Planing Systems (APS) bekannt geworden (vgl. Kapitel 3.4). Zu den bekanntesten Anbietern zählen u.a. SAP mit dem Softwareprodukt APO, i2 Technologies mit dem Produkt Rhythm, Numerix mit Linx, und Manugistics mit NetWORKS. APS-Systeme unterstützen sowohl die strategische als auch die taktische und operative Planung, sowie die laufende Steuerung, bzw. Überwachung der Lieferkette. [Zäpf01, S.14]

3.2 Planungsaufgaben

Die Abbildung 12 gibt einen Überblick über Planungsaufgaben entlang einer Supply Chain in Anlehnung an Fleischmann/Meyr/Wagner. [FMW00, S.63] Diese sogenannte Supply Chain Planning Matrix greift die bereits erwähnten Überle-

---

[6] Available-to-Promise (ATP) zielt auf die Zusicherung eines Produktes zu einem bestimmten Zeitpunkt unter Beachtung der im Netzwerk vorhandenen Fertigprodukte, während Capable-to-Promise (CTP) die Lieferung eines Produktes zu einem bestimmten Zeitpunkt unter Beachtung der verfügbaren Fertigprodukte und Produktionskapazitäten zusichern soll. [KPLW99, S.22]

gungen auf und strukturiert die Planungsaufgaben aus strategischer, taktischer und operativer Sicht unter Berücksichtigung der Kernprozesse Beschaffung, Produktion, Distribution und Absatz. Corsten/Gabriel betrachten ebenfalls den Einsatz von Instrumenten und Kennzahlen in den Bereichen Leistungsbeschaffung, - produktion und –distribution im Supply Chain Management. Aktivitäten des Verkaufs greifen sie im Rahmen der Distribution auf. [CoGa00, S. 35ff.]

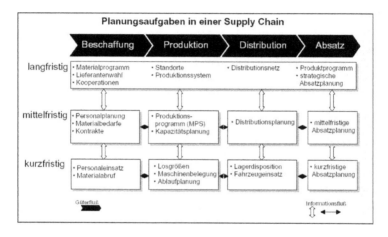

Abbildung 12: Supply Chain Planning Matrix, in Anlehnung an [FMW00, S.63].

3.2.1 Langfristige Planungsaufgaben

Aus dem langfristigen Betrachtungswinkel heraus werden Entscheidungen über das Produktionsprogramm und der strategischen Absatzplanung getroffen. Hier gilt es möglichst genaue Verkaufszahlen zu prognostizieren und dabei auch verschiedene Szenarien hinsichtlich wirtschaftlicher und politischer Einflussfaktoren sowie der Konkurrenzsituation zu berücksichtigen. Aus dem Produktionsprogramm heraus wird das Materialprogramm und die Zusammenarbeit mit Lieferanten beschlossen. Transportkosten machen heute einen nicht unerheblichen Teil der Produktions- und Zulieferkosten aus. Aus diesem Grund müssen die Wege zwischen den Produktionsstätten selbst und zu den Kunden diesbezüglich gestaltet werden, um diese kostenminimal überbrücken zu können. In diese Richtung geht auch die Planung der Standorte und der Produktionssysteme in den Standorten, die aus langfristiger Sicht insbesondere bei Änderungen im Produktionsprogramm hinsichtlich Kapazität und Technik überprüft werden sollten. [FMW00, S.62ff.]

Für die strategische Ebene sind Planungstools für die Netzwerkkonfiguration vorgesehen, die dem Planer die Möglichkeit bieten, alternative Lieferketten zu generieren und auf der Basis vom Benutzer gewählter, ökonomischer Zielfunktionen zu bewerten. Mit Hilfe von Optimierungsmodellen kann der Benutzer dann beispielsweise eine diskrete Zahl von Beschaffungs-, Produktions-, und Distributionsstandorten sowie Transportalternativen vorgeben und mittels eines gemischtganzzahligen Optimierungsalgorithmus wird eine optimale Lösung vorgeschlagen. [Zäpf01, S.14]

3.2.2 Mittelfristige Planungsaufgaben

Die mittelfristige Absatzplanung hat einen Planungshorizont von bis zu einem Jahr und soll hauptsächlich das Absatzpotential von Produktgruppen in verschiedenen Regionen ausweisen. Die Transportplanung plant die dazu benötigten Kapazitäten auf Basis von Einheiten (Tonnen, Anzahl, etc.), nicht einzelner Fahrzeuge. Das Produktionsprogramm (Master Production Scheduling – MPS) stimmt die verfügbaren Produktionsmöglichkeiten unter Kostengesichtspunkten aufeinander ab und berücksichtigt dabei eventuelle saisonale Schwankungen. Ist man sich über die benötigten und einzusetzenden Kapazitäten im klaren, kann auch das erforderliche Personal eingeplant werden. Die eigentliche Produktion und der Materialbedarf wird mit Hilfe von ERP-Systemen erfasst und mit einem Zeithorizont von Wochen oder Monaten eingeplant. [FMW00, S.64ff.] Zur Optimierung der mittelfristigen Planung kann beispielsweise auf verschieden Prognoseverfahren oder der Linearen Programmierung zurückgegriffen werden. [Zäpf01, S.15]

3.2.3 Kurzfristige Planungsaufgaben

Wurde bisher auf die Planung strategischer und operativer Aufgaben eingegangen umfasst die kurzfristige Planung die Abwicklung des Tagesgeschäfts. Welche Güter werden zu welchem Zeitpunkt ausgeliefert, bzw. produziert? Transporte, Maschinenbelegung und Personal werden je nach konkreter Auftragslage eingeplant. [FMW00, S.66f.] Auch im Bereich der Kurzfristplanung können verschieden Optimierungsmethoden wie z.B. Lokale Suchverfahren angewendet werden. [Zäpf01, S.16]

3.3   SCP-Matrix

Die Anbieter von Supply Chain Management-Systemen decken diese Planungsaufgaben mit ihren Modulen zumindest in der Namensgebung in unterschiedlicher
Weise ab. Es soll noch einmal hervorgehoben werden, dass es weitaus mehr Anbieter gibt, die Software-Systeme für das Supply Chain Management in ihrem
Produktportfolio anbieten, als die in dieser Arbeit aufgeführten. Es zeigen sich
jedoch bei einem Vergleich der bereits oben erwähnten Anbieter auffällige Übereinstimmungen hinsichtlich der angebotenen Module zur informationstechnologischen Abdeckung der Planungsaufgaben (vgl. Abbildung 13).

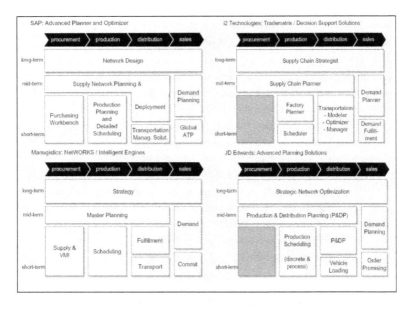

*Abbildung 13: Ausgewählte Anbieter und ihre Software Module im Planungspro-
zess, in Anlehnung an [Flei02-ol, Kapitel 7], [MWR00, S.241ff.].*

Unter Berücksichtigung der Vielzahl von Planungsaufgaben zeigt die SCP-Matrix
von Meyr/Wagner/Rohde einen herstellerneutralen modularen Aufbau eines
Supply Chain Planning-Systems (vgl. Abbildung 14). Daten und Planungsergeb-
nisse werden zwischen den verschiedenen Modulen ausgetauscht, bzw. geben
diese an bestimmte Module weiter. Weitergehende Ausführungen zu den Modulen
der SCP-Matrix geben Stadtler/Kilger [StKi00].

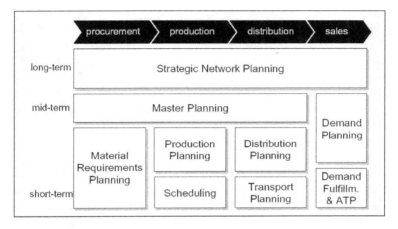

Abbildung 14: Software Module der SCP-Matrix, in Anlehnung an [MWR00, S.75].

3.4 Optimierung mit Advanced Planning Systemen

Zur Bewältigung der Planungsaufgaben im Supply Chain Management können, wie bereits erwähnt, verschiedene Optimierungsverfahren eingesetzt werden. *"Der Begriff Advanced Planning Systems (APS) soll ein Softwaresystem bezeichnen, in dem explizit Methoden des Operations Research zur Lösung von Planungsproblemen im Bereich der Produktion und der Logistik, vor allem im Supply Chain Management, eingesetzt werden."* [Temp02-ol] Bei einer unternehmensübergreifenden Koordinierung der Produktionsabläufe sind dabei eine Vielzahl von Restriktionen und Bedingungen zu berücksichtigen. Der Rechenaufwand, um zu optimalen Ergebnisse zu kommen, sollte daher nicht unterschätzt werden. Advanced Planning Systeme werden als Supply Chain Management-Software zur Umsetzung von Supply Chain Planning eingesetzt. Neben einer integrierten Planung der gesamten Supply Chain und einer hierarchischen Planungsarchitektur kommen verschiedene Optimierungsmethoden zum Einsatz. [Wagn02-ol, S.2] Advanced Planning Systeme bieten für die Anwendung von Optimierungsverfahren Tools an, die häufig extra auf die Bedürfnisse des Anwenders ausgerichtet sind. *"Viele APS-Systeme beruhen auf Optimierungsmodulen anderer Hersteller; insbesondere werden in vielen APS-Systemen Module von ILOG verwendet. [...]*

Gleichwohl ist bedauerlich, dass einerseits die APS-Anbieter oder die ihnen zuliefernden Komponenten-Hersteller wenig Bezug auf Ergebnisse der Entscheidungsforschung nehmen und andererseits die von ihnen angewandten Auswahl- und Vergleichsverfahren sowie die implementierten Lösungsverfahren nicht transparent dargestellt werden. " [Knol01, S.151] So wird in der auf Anfrage zugeschickten Informationsbroschüre der Axxom Software AG lediglich festgestellt, dass *„praktisch alle klassischen Einlastungsregeln und –heuristiken zur Verfügung [stehen].* " [Axxo02, S.21] Die SAP AG hat diesbezügliche Anfragen zum Modul APO unbeantwortet belassen. Das oben schon erwähnte Unternehmen ILOG hat demgegenüber ein ca. 60 Seiten umfassendes Dokument, dass sich mit der Anwendung von Optimierungsverfahren beschäftigt, auf ihren Internetseiten zum Download bereitgestellt (vgl. [ILOG02-ol]). Seidl kommt in diesem Zusammenhang zu folgender Feststellung. *„Die klassische Methode der linearen Optimierung ist in jedem Tool zu finden. Die Anwendung erweiterter Verfahren basierend auf Heuristiken und innovativerer Ansätze, beispielsweise genetischer Algorithmen oder neuronaler Netze, um bei spezifischen Planungsproblemen zu realitätsnäheren Lösungsvorschlägen zu kommen, ist jedoch kein Allgemeingut.* " [Seid00, S.178f.]

Es wurden bis hierher bereits einige Möglichkeiten und Verfahren zur Optimierung angesprochen. Im nächsten Kapitel werden nun einige grundlegende Ausführungen zur Optimierung gemacht. Dabei wird auch auf den Bereich der Prognoseverfahren eingegangen, der als eine Möglichkeit zur Optimierung in SCM-Systemen betrachtet wird, aber im Rahmen dieser Arbeit nicht ausführlich erläutert werden kann. Darüber hinaus wird eine Abgrenzung zum Themengebiet der Simulation vorgenommen und auf die wichtige Aufgabe der Modellbildung eingegangen. Im weiteren Verlauf werden dann die im Bereich des Supply Chain Management hauptsächlich zur Anwendung kommenden Optimierungsverfahren vorgestellt und erläutert.

4 Optimierung

„Operations research models and methods have demonstrated their relevances in a wide range of applications. This generality creates opportunities and challenges. A major opportunity is that many supply chain problems can be analysed using optimisation models and algorithms taken more or less off the shelf and quickly adapted for use." [Shap01, S.22]

4.1 Optimierung und Simulation

Während einige Autoren die Simulation als ein Teilgebiet der Optimierung sehen, wird die Simulation hier als ein gleichwertiger Partner gesehen, der auf Ergebnisse der Optimierungsverfahren zurückgreift oder den Optimierungsverfahren Ergebnisse aus Simulationsläufen vorgibt. Die Simulation dient vor allem der Untersuchung (dem Durchspielen) einzelner Alternativen bzw. Systemvarianten im Rahmen komplexer stochastischer (Optimierungs-) Modelle. [DoDr98, S.7] So können Daten, die mit Hilfe von den noch zu erläuternden Optimierungsmethoden ermittelt wurden, durch den Einsatz von Simulationssystemen dahingehend kontrolliert werden, ob sie zu den erhofften Verbesserungen in Betriebsabläufen führen. Andersherum besteht die Möglichkeit Resultate aus Simulationsverfahren als Vorgaben für anschließende Optimierungen zu nutzen (vgl. Abbildung 15).

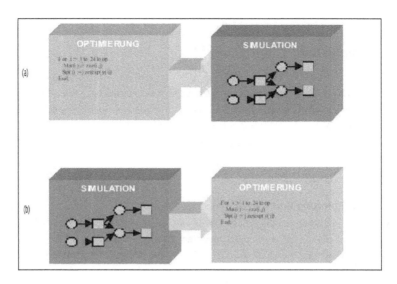

Abbildung 15: Sequentielle Verknüpfung von Simulation und Optimierung, vgl.
[WBN+02-ol, S.9].

Simulationsmodelle bilden das reale Problem im allgemeinen mit Hilfe einer Si-
mulationssprache im Computer nach und gestatten die kostengünstige und gefahr-
lose Beobachtung der virtuellen Resultate diverser Entscheidungen und Maßnahmen. [Goho00, S.5] Das Verhalten eines zu entwickelnden Flugzeugs wird z.B.
mit Hilfe eines kleinen Flugzeugmodells im Windkanal, der ein Modell der realen
Flugzeugumwelt darstellt, unter verschiedenen Bedingungen getestet. Dadurch
lassen sich unterschiedliche Möglichkeiten der aerodynamischen Gestaltung des
Flugzeuges durchspielen und vergleichend bewerten. [Scho01, S.18]

Im Rahmen dieser Arbeit stehen die Optimierungsverfahren im Vordergrund,
während die Möglichkeiten der Simulation weitgehend unberücksichtigt bleiben.
Zu dem Gebiet der Simulation kann auf folgende Einstiegsliteratur zurückgegriffen werden: [Krug01]; [WBN+02-ol].

4.2 Prognoseverfahren

Die Auswirkungen von unzureichenden Prognosen lassen sich beispielsweise anhand des Bullwhip-Effekts darstellen (vgl. Kapitel 2). Prognoseverfahren dienen
dazu, mit Hilfe von Entwicklungs- und Wirkungsprognosen Vorhersagen über

zukünftige Nachfragemengen, o.ä. zu treffen. *„Die Vorhersage des Bedarfs ist [...] eine Abschätzung des zukünftigen Bedarfs. Ein Vorhersageverfahren ist eine Vorgehenssystematik zur Bedarfsvorhersage nach einer bestimmten Modellvorstellung."* [Schö00, S.350] Die verschiedenen Vorhersagetechniken bestimmen analytisch oder intuitiv den Bedarf in der Zukunft. [Schö00, S.349] Auch diese Prognoseverfahren werden oft mit Optimierungsverfahren in Verbindung gebracht, da sie auf eine Optimierung von Lagerbeständen oder Bestellmengen, bzw. der Auslastung von Produktionsmitteln zielen. Je nach Art oder Zeithorizont kann man auf verschiedene Prognoseverfahren zurückgreifen wie z.B. zeitreihenbasierte Methoden (Bildung gleitender Durchschnitte, exponentielle Glättung) oder auch Expertenbefragungstechniken wie z.B. Szenariotechnik oder Delphimethode. [Scho01, S.39f.] Im Folgenden soll nun eine Übersicht über die Prognosetechniken und ihr prinzipieller Ablauf gegeben werden.

4.2.1 Gliederung der Vorhersageverfahren

In Abbildung 16 ist in Anlehnung an Schönsleben eine mögliche Gliederung von Vorhersageverfahren vorgenommen worden.

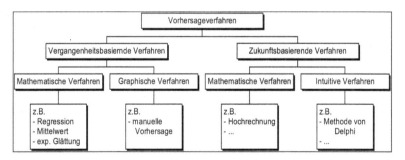

Abbildung 16: Gliederung der Vorhersageverfahren, in Anlehnung an [Schö00, S.354].

Vergangenheitsbasierende oder „passéistische" Vorhersageverfahren sagen aus dem Verbrauch in der Vergangenheit, z.B. aus Verbrauchsstatistiken, die zukünftige Nachfrage vorher. Die mathematischen Vorhersageverfahren greifen dabei vor allem auf die Extrapolation von Zeitreihen zurück, bei der Bedarfe der Zukunft aus einer Reihe von Bedarfen der Vergangenheit abgeleitet werden.[7] Bei graphischen Vorhersageverfahren werden Zeitreihen graphisch dargestellt und durch schlichte Betrachtung auf einen mittleren Verlauf und eine Bandbreite der Abweichung geschlossen. Mit Hilfe dieser visuellen Interpretation und der Erfahrung wird diese Zeitreihe in die Zukunft übertragen.

Zukunftsbasierende oder futuristische Vorhersageverfahren können unter Berücksichtigung bereits vorhandener Nachfragen, wie z.b. Offerten, Bestellungen, etc., auf das Nachfrageverhalten der Kunden schließen. Die Hochrechnung als mathematisches Vorhersageverfahren berechnet ausgehend von bereits getätigten Bestellungen und Erfahrungswerten die zukünftige Bestellvolumina. Intuitive Vorhersageverfahren greifen auf Informationen zurück, die durch Verkaufspersonal oder Instituten beispielsweise aus Befragungen oder Schätzungen erhoben wurden. [Schö00, S.353f.] Eine Kombination der verschiedenen Prognosetechniken ist denkbar.

4.2.2 Ablauf der Vorhersage

Bedarfsvorhersageverfahren basieren immer auf gewisse grundlegende Annahmen und Randbedingungen. [Schö00, S.351] Ändert sich die Bedarfssituation so muss man die Wahl des Verfahrens überprüfen und gegebenenfalls ersetzen. Der Ablauf einer Vorhersage selbst ist in Abbildung 17 graphisch dargestellt. Zunächst wird aufgrund von Verbrauchs- oder bereits vorhandenen Nachfragewerten ein Verfahren zur Bedarfsvorhersage gewählt und der zukünftige Bedarf vorhergesagt. Bei automatischen Verfahren sollte wenn möglich eine visuelle Überprüfung der Vorhersage erfolgen, um so das implizite Wissen des Menschen über das Marktverhalten - bei von der menschlichen Intuition stark abweichenden Ergebnissen - einfließen zu lassen. Anhand der Bedarfsvorhersage können nun die notwendigen Ressourcen ermittelt und der Produktions- bzw. Beschaffungsplan aufgestellt werden. Die Kontrolle der Nachfrageentwicklung (Abweichungsanalyse) in bestimmten zeitlichen Abständen dient dazu, dass bei zu großen Differenzen der Zyklus erneut durchlaufen wird. [Schö00, S.351ff.]

---

[7] Extrapolation ist die näherungsweise Bestimmung von Funktionswerten außerhalb eines Intervalls aufgrund der Kenntnis von Funktionswerten innerhalb dieses Intervalls. D.h. man schließt aus dem Verhalten einer Funktion innerhalb eines mathematischen Bereichs auf ihr Verhalten außerhalb dieses Bereichs.

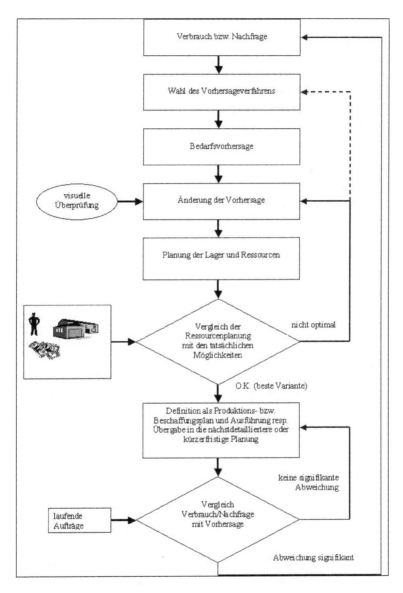

Abbildung 17: Ablauf der Vorhersage, in Anlehnung an [Schö00, S.352].

Im Rahmen dieser Arbeit wird auf eine detaillierte Darstellung der verschiedenen Prognoseverfahren verzichtet. Zur Vertiefung kann auf verschiedene Autoren zurückgegriffen werden, so z.b. Schönsleben [Schö00] oder Meyr [Meyr00, S.323ff.]. Der Schwerpunkt liegt vielmehr in den Optimierungsmethoden des Operations Research und damit auf der Analyse betrieblicher und wirtschaftlicher Prozesse und der Anwendung mathematischer Methoden zur Entscheidungsvorbereitung. [Goho00, S.1]

4.3 Sukzessivplanung vs. Simultanplanung

Die Begriffe Sukzessivplanung und Simultanplanung werden häufig im Zusammenhang mit der Produktionsplanung und –steuerung, bzw. in Verbindung mit der Planung von betrieblichen Prozessen benutzt, so dass die Unterschiede zwischen diesen beiden Planungsmethoden kurz herausgearbeitet werden sollen.

Traditionelle ERP-Systeme haben unumstritten ein hohes Nutzenpotential. Sie sind jedoch in vielen Fällen mit der Unterstützung der Planung und Steuerung der Primärprozesse überfordert. Die Mängel zeigen sich exemplarisch in der Produktionsplanung und –steuerung, wo ERP-Systeme durch lange, sequentielle Planungsläufe nach den traditionellen MRP II-Verfahren und damit sukzessiver Kapazitäts- und Terminplanung charakterisiert sind. [BLW00-ol, S.2]

Im Rahmen der Sukzessivplanung werden die einzelnen Teilpläne eines Betriebes zeitlich nacheinander aufgestellt. Begonnen wird dabei mit den Teilbereichen, von denen vermutet wird, dass sie den größten Einfluss auf den Gesamtplan ausüben. Einflüsse aus zeitlich nachgeschalteten Teilplänen bleiben unberücksichtigt oder werden durch grobe Vorausschätzung einbezogen. Infolge der Interdependenzen der einzelnen Teilpläne wird eine schrittweise Abstimmung der Teilpläne erforderlich. Eine optimale Gesamtplanung ist auf diese Weise nicht zu erreichen. [Gabl93]

SCM-Systeme planen demgegenüber Material und Kapazitäten simultan und unter Beachtung der aktuellen Restriktionen ein. [BLW00-ol, S.2] Bei der Simultanplanung werden alle Teilpläne eines Betriebes unter Berücksichtigung der gegenseitigen Interdependenzen gleichzeitig (simultan) aufgestellt. Sie führt bei gleichzeitiger Berücksichtigung der Zielsetzung in einem Schritt zu harmonisch aufeinander abgestimmten Teilplänen und zum optimalen Gesamtplan. Schwierigkeiten zur Durchführung betrieblicher Simultanplanung bestehen im Umfang der dann entstehenden Planungsmodelle, sowie der dann erforderlichen Rechenkapazitäten, der mangelnden Kenntnis funktionaler Zusammenhänge der betrieblichen Aktionsvariablen und der Unsicherheit gewisser relevanter Daten. [Gabl93]

Die Unterschiede zwischen den Möglichkeiten der Vorgehensweisen zeigt Abbildung 18.

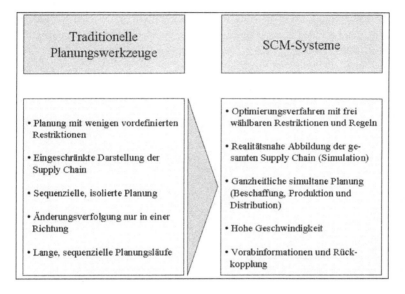

Abbildung 18: Traditionelle Planungswerkzeuge vs. SCM-Systeme, vgl. [BLW00-ol, S.2]

4.4 Modelle

4.4.1 Modellbildung

Mit dem Einsatz von Optimierungsverfahren im Supply Chain Management müssen auch eine Vielzahl von Restriktionen und Einflüsse berücksichtigt werden, die das Ergebnis einer Optimierung wesentlich beeinflussen. Zumeist sind dabei Unternehmen mit unterschiedlichsten Zielsetzungen vertreten, die oft auch auf eine eigene Datenbasis zurückgreifen. So müssen neben den Belangen von Großunternehmen auch die Möglichkeiten und Kapazitäten von kleinen Zulieferbetrieben oder Transportunternehmen Berücksichtigung finden. Um unternehmensübergreifende oder innerbetriebliche Abläufe mit mathematischen Methoden zu optimieren, gilt es, diese realen Problemstellungen zu modellieren. Die Vorgehensweise bei der Modellierung beeinflusst daher auch den Erfolg des jeweiligen Optimierungsverfahrens. [FMW00, S.59] Dabei können viele reale aber irrationale Aspekte, wie z.B. Farbgebung der Produkte in einem Produktionsprogramm, unter Berücksichtigung der Bewahrung der Struktur[8] unberücksichtigt bleiben. Ein Modell wird daher definiert als eine zweckorientierte, relationseindeutige Abbildung der Realität. [Goho00, S.3] *„Ein Problem, dass man nicht modellieren kann, kann man auch nicht lösen."* [Temp02-ol]

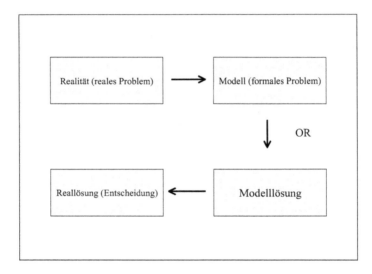

Abbildung 19: Problemlösung durch Modellbildung, in Anlehnung an [Goho00, S.4].

4.4.2 Klassifizierung der Modelle

Modelle können nach verschiedenen Gesichtspunkten klassifiziert werden. Diese Klassifikation dient dazu einer Problemstellung ein entsprechendes Modell zur

---

[8] Die Bewahrung der Struktur, bzw. die Strukturgleichheit bei der Modellbildung wird in der Fachliteratur auch als Isomorphie bezeichnet, vgl. [EBL98, S.4].

Verfügung zu stellen. Man unterscheidet Modelle im allgemeinen nach ihrer äußeren Form, nach der Vorgehensweise und nach dem Einsatzzweck. Im Hinblick auf die äußere Form wird zwischen verbalen (natürliche Sprache), ikonischen (Bilder, Darstellungen) und mathematischen Modellen differenziert. Die Vorgehensweise kann in analytischen, iterativen, heuristischen und Simulationsmodellen erfolgen. Der Einsatzzweck unterscheidet Beschreibungsmodelle, Erklärungsmodelle und Entscheidungsmodelle. Im Operations Research haben wir es mit mathematischen Entscheidungsmodellen zu tun, die überwiegend analytisch oder iterativ arbeiten. [Goho00, S.4f.] Aber auch Heuristiken finden im Bereich des Supply Chain Managements durchaus Anwendung.

„Die Modellbildung ist natürlich eine äußerst wichtige (und keineswegs triviale) Aufgabe, die der Anwender bewältigen muss, bevor eines der mathematischen Lösungsverfahren [...] zum Einsatz kommen kann." [Jung99, Vorwort]

5   Optimierungsverfahren

Bei den Optimierungsverfahren handelt es sich um Methoden des Operations Research zur Ermittlung optimaler oder heuristischer Lösungen für deterministische
und stochastische Optimierungsmodelle. [Scho01, S.40] Optimierungsverfahren
können in die folgenden beiden Gruppen eingeteilt werden:

• Exakte Verfahren gelangen für jede denkbare Instanz eines Modells in einer endlichen Anzahl von Schritten garantiert zu einer optimalen Lösung.

• Heuristische Verfahren (Heuristiken) bieten keine Garantie dafür, eine optimale Lösung der betrachteten Modellinstanz zu finden bzw. eine gefun-
  dene optimale Lösung als solche zu erkennen und liefern daher meist suboptimale Lösungen. Bei komplexen Modellen sind Heuristiken in vielen
  Fällen dennoch exakten Verfahren vorzuziehen, da letztere häufig eine in-
  akzeptablen Rechenaufwand verursachen. [Scho01, S.62]

Eine erste Klassifizierung von Optimierungsverfahren kann somit bereits jetzt
angeführt werden. Die folgenden Abbildung gibt dazu in Anlehnung an Ree-
se/Urban eine Übersicht über die Optimierungsverfahren, die die vorangegangene
Einteilung in heuristische und exakte Verfahren aufgreift.

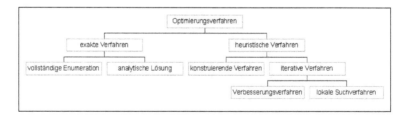

*Abbildung 20: Klassifizierung von Optimierungsverfahren nach Reese/Urban, vgl.
[ReUr99, S.319].*

Dabei ist zu ergänzen, dass häufig auch Kombinationen von Optimierungsverfahren Anwendung finden, auf die hier aber nicht näher eingegangen werden soll.
Das gilt auch für Vorgehensweisen wie beispielsweise der vorzeitig abgebrochene
Branch-and-Bound-Algorithmus, der als unvollständig exaktes Verfahren angeführt werden kann.

„Auch wenn hochglänzende Firmenbroschüren anderes suggerieren, die ange-wendeten Optimierungsverfahren und Methoden sind zwischen 10 und 50 Jahre alt und scheiterten in der Vergangenheit an der geringen Rechnerleistung und den nicht vorhandenen oder inkonsistenten Daten. Auch hier gilt das GIGO (Garbage In – Garbage Out) Prinzip – die Ergebnisse von Optimierungsverfahren sind nur so gut wie die verwendeten Daten. " [Alic01-ol, S.2]

Eine abschließende Behandlung aller möglichen Optimierungsverfahren kann diese Arbeit nicht bieten, da es eine Vielzahl von Methoden gibt, die Abwandlungen von den hier vorgestellten Verfahren sind. Es wird daher auf solche Optimierungsverfahren abgestellt, die in der Literatur im Zusammenhang mit betriebswirtschaftlichen Problemen am häufigsten genannt, bzw. angewandt werden. Zunächst wird im Rahmen dieser Arbeit der Bereich der exakten Programmierung behandelt. *„In der Praxis sind [hier] die Bereiche der linearen (LP), ganzzahligen (IP) und gemischt ganzzahligen (MIP, Mixed Integer Programming) Programmierung am stärksten vertreten. "* [BiSu98, S.158] Anschließend wird der Bereich der Heuristiken, insbesondere der der Nachbarschaftssuchverfahren analysiert, da diese Verfahren neben den exakten Verfahren in der Praxis häufig Anwendung finden. Ein Vergleich der untersuchten Verfahren soll dabei jedoch nicht vorgenommen werden.[9] Vielmehr zielt dieses Vorgehen darauf ab, im Kapitel sechs eine Klassifizierung vorzunehmen, die auf die Nutzung der Optimierungsverfahren bei verschiedenen Aufgabenstellungen abstellt.

5.1 Exakte Verfahren

5.1.1 Vollständige Enumeration

Ein triviales, aber sicheres Optimierungsverfahren besteht darin, sämtliche Alternativen auszuwerten und die beste Alternative durch einfachen Vergleich zu bestimmen. Dies ist aber nur dann sinnvoll, wenn es sehr wenige Alternativen gibt. Eine quasi unüberschaubare Zahl von Lösungsalternativen treten jedoch beispielsweise häufig in Logistikbereichen, wie der Fahrzeugeinsatz- und Tourenplanung, Produktionsablaufplanung oder der Konfiguration von Logistiknetzwerken, auf. Hier werden Verfahren benötigt, die optimale oder zumindest sehr gute Al-

---

[9] Eine Reihe von Autoren vergleichen verschiedene Optimierungsverfahren anhand einer betriebswirtschaftlichen Aufgabenstellung. Hier ist u.a. zu nennen Siedenkopf [Sied94], Lohrbach [Lohr94], Schultz/Mertens [ScMe00], etc..

ternativen finden, ohne dass der Rechen- und Zeitaufwand unverhältnismäßig ansteigt. [Diru00, S.364f.] Solche Verfahren werden im Folgenden näher erläutert.

5.1.2 Lineare Programmierung / Linear Programming (LP)

Lineare Programme sind die in der Praxis am häufigsten auftretenden Optimierungsprobleme und daher von besonderer Bedeutung. Die Lineare Programmierung wird im Rahmen der Advanced Planning Systems beispielsweise in den Bereichen Master Planning, Distribution Planning und Transport Planning eingesetzt. [Stad00a, S.335] Shapiro sieht in dieser Methode die zentrale Rolle für alle Anwendungen im Supply Chain Management. [Shap01, S.64] Die lineare Optimierung ist daher eines der wichtigsten und am weitesten entwickelten Teilgebiete des Operations Research und befasst sich mit der Formulierung und Lösung linearer Optimierungsmodelle. [Scho01, S.64] Zur Lösung derartiger Probleme sind spezielle Verfahren entwickelt worden, von denen das schon 1947 entwickelte Simplex-Verfahren viele Jahrzehnte im Mittelpunkt des Interesses stand und allgemein als das beste Verfahren akzeptiert war. [GeKa02, S.77] Zunächst soll jedoch als Einstieg in die Problematik eine Definition gegeben und mit der graphischen Lösung eines Linearen Programms begonnen werden. Daran anschließend wird der Simplex-Algorithmus, die Big-M-Methode, als Abwandlung der Simplex-Methode, und die Klasse der Innere-Punkt-Methoden vorgestellt, die in jüngster Zeit in Konkurrenz zum Simplex-Verfahren stehen. [GeKa02, S.77]

5.1.2.1 Definition

Unter einem linearen Optimierungsproblem versteht man die Aufgabe, eine lineare (Ziel-) Funktion

$$F(x_1,...,x_p) = c_1 x_1 + ... + c_p x_p \qquad (1)$$

zu maximieren (oder zu minimieren) unter Beachtung von linearen Nebenbedingungen (=Restriktionen) der Form

$$a_{i1}x_1 + ... a_{ip}x_p \leq b_i \qquad \text{für i=1,...,m}_1 \qquad (2)$$

$$a_{i1}x_1 + ... a_{ip}x_p \geq b_i \qquad \text{für i=m}_1 +1,...,m_2 \qquad (3)$$

$$a_{i1}x_1 + ... a_{ip}x_p = b_i \qquad \text{für i=m}_2 +1,...,m \qquad (4)$$

und zumeist unter Berücksichtigung der Nichtnegativitätsbedingungen

$$x_j \geq 0 \qquad \text{für (einige oder alle) j = 1,...,p} \qquad (5)$$

- Einen Punkt (oder Vektor) $x = (x_1,...,x_p)$ des Rp, der alle Nebenbedingungen (2) – (4) erfüllt, nennt man Lösung des LPs.

- Erfüllt x außerdem (5), so heißt x zulässige Lösung (zulässiger Punkt).

- Eine zulässige Lösung $x^* = (x^*_1,...,x^*_p)$ heißt optimale Lösung (optimaler Punkt) des LPs, wenn es kein zulässiges x mit größerem (bei einem Maximierungsproblem) bzw. mit kleinerem (bei einem Minimierungsproblem) Zielfunktionswert als $F(x^*)$ gibt.

- Mit X bezeichnen wir die Menge aller zulässigen Lösungen, mit X* die Menge der optimalen Lösungen eines LPs. [DoDr98, S.11]

5.1.2.2 Graphische Lösung

5.1.2.2.1 Graphische Lösung eines Maximierungsproblems

Die graphische Lösung eines linearen Optimierungsproblems kann am einfachsten anhand eines Beispiels dargestellt werden. Wir betrachten dazu folgendes Problem:

Ein Gärtner möchte einen 100m² großen Garten mit Rosen und /oder Nelken bepflanzen. Er möchte maximal € 720,- investieren und höchstens 60m² für Nelken reservieren. Wie viele m² sollen mit jeder Sorte bepflanz werden, damit ein maximaler Gewinn erzielt wird?

Weitere Daten des Problems sind:

	Rosen	Nelken
Arbeits- und Materialkosten (in €/m²)	6	9
Gewinn (in €/m²)	1	2

Tabelle 1: Angaben zum Maximierungsproblem, vgl. [DoDr98, S.12f.].

Zur mathematischen Formulierung des Problems wählen wir folgende Variablen:

x_1 : mit Rosen zu bepflanzende Fläche (in m²)

x_2 : mit Nelken zu bepflanzende Fläche (in m²)

Damit erhalten wir:

Maximiere $F(x1,x2) = x_1 + 2x_2$ (Gewinnmaximierung)   (Z)

Unter den Nebenbedingungen

$x_1 + x_2 \leq 100$ (Anbaufläche max. 100m²)   (1)

$6x_1 + 9x_2 \leq 720$ (Investition max. 720 €)   (2)

$x_2 \leq 60$ (Nelken max. 60m²)   (3)

$x_1, x_2 \geq 0$ (Nichtnegativitätsbedingung)

Zur graphischen Lösung dieses Gewinnmaximierungsproblems werden zunächst alle Nebenbedingungen in ein Koordinatenkreuz eingezeichnet (vgl. Abbildung 21). Der zulässige Bereich ist in diesem Fall der durch die Achsen x_1 und x_2, sowie durch die Geraden (1), (2) und (3) eingeschlossene Bereich. Eine Zielfunktionsgerade (Z) kann nun durch Vorgabe eines fiktiven Werts, hier z.b. 80, ermittelt und ebenfalls in das Koordinatensystem eingezeichnet werden. Da es sich hier um ein Maximierungsproblem handelt, wird diese Zielfunktionsgerade solange parallel nach oben verschoben, bis sie nur noch einen Punkt des zulässigen Bereichs tangiert. Die optimale Lösung kann nun mit $x_1 = 30$ und $x_2 = 60$ abgelesen werden; der dazugehörige Gewinn ist 150,- € (F (30,60) = 30 + 2 x 60 = 150). [DoDr98, S.12f.]

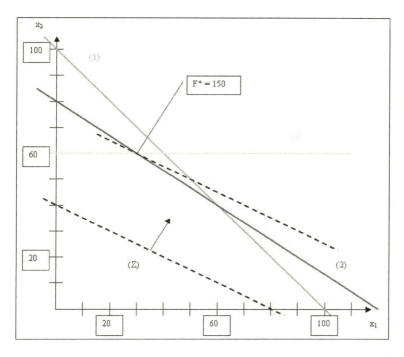

Abbildung 21: Graphische Lösung zum Beispiel, in Anlehnung an [DoDr98, S.12].

Neben dem oben erläuterten Maximierungsproblem (Gewinnmaximierung) findet die Lineare Programmierung auch bei Minimierungsproblemen, zumeist im Rahmen der Kostenminimierung, Anwendung. Diese Möglichkeit soll im folgenden ebenfalls an einem Beispiel mit graphischer Lösung dargestellt werden.

5.1.2.2.2 Graphische Lösung eines Minimierungsproblems

Ein Viehzuchtbetrieb füttert Rinder mit zwei Futtersorten Rüben (A) und Heu (B). Die Tagesration eines Rindes muss Nährstoffe I, II bzw. III im Umfang von mindestens 6, 12 bzw. 4g (Gramm) enthalten. Die Nährstoffgehalte in g pro kg und Preise in € pro kg der beiden Sorten zeigt die Tabelle.

	Sorte A	Sorte B	Mindestmenge
Nährstoff I	2	1	6
Nährstoff II	2	4	12
Nährstoff III	0	4	4
Preis in €/kg	5	7	

Tabelle 2: Angaben zum Minimierungsproblem, vgl. [DoDr98, S.13f.].

Wie viel kg von Sorte A bzw. B muss jede Tagesration enthalten, wenn sie unter Einhaltung der Nährstoffbedingungen kostenminimal sein soll?

Zur mathematischen Formulierung des Problems werden die Variablen

x_1: kg von Sorte A pro Tagesration

x_2: kg von Sorte B pro Tagesration

gewählt.

Das Optimierungsproblem lautet:

Minimiere F $(x_1,x_2) = 5x_1 + 7x_2$ (Zielfunktion)   (Z)

Unter den Nebenbedingungen

$2x_1 + x_2 \geq 6$ (Nährstoff I)   (1)

$2x_1 + 4x_2 \geq 12$ (Nährstoff II)   (2)

$4x_2 \geq 4$ (Nährstoff III)   (3)

$x_1, x_2 \geq 0$ (Nichtnegativitätsbedingung)

Die Restriktionsgeraden werden analog dem vorangegangenem Beispiel in das Koordinatensystem eingezeichnet (vgl. Abbildung 22). Zu beachten ist, dass sich der zulässige Bereich oberhalb der Geraden (1), (2) und (3), bzw. rechts von x_1 befindet. Die Zielfunktionsgerade, anhand der Vorgabe von 35 € Kosten ermittelt, wird in diesem Minimierungsfall nach unten verschoben, bis sie auch hier den zulässigen Bereich nur noch in einem Punkt tangiert. Dies ist gerade im Schnittpunkt der Geraden (1) und (2) der Fall. Auf graphische Weise erhalten wir so die optimale Lösung $x^* = (x_1^*, x_2^*)$ mit $x_1^* = x_2^* = 2$. Eine kostenminimale Tagesration kostet damit $F^* = 24 €$. [DoDr98, S.13f.]

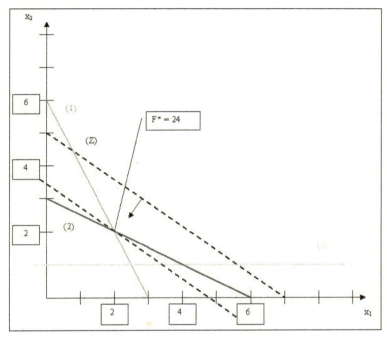

Abbildung 22: Graphische Lösung des Beispiels, in Anlehnung an [DoDr98, S.13].

5.1.2.3 Der Simplex-Algorithmus

In Kapitel 5.1.2.2 wurde bereits gezeigt, dass in besonderen Fällen die optimale Lösung einer linearen Programmierungsaufgabe mit Hilfe einer graphischen Darstellung gefunden werden kann. *„Diese Methode ist jedoch nicht allgemein anwendbar; sie versagt, wenn es mehr als zwei Variablen gibt. Für die lineare Programmierung gibt es mit dem von G. B. Dantzig entwickelten Simplex-Verfahren[10] [...] eine sehr leistungsfähige Methode zum Auffinden optimaler Lösungen."*

---

[10] Der Name Simplex-Algorithmus ist von der Bezeichnung Simplex für ein durch n+1 Punkte des R^n aufgespanntes konvexes Polyeder abgeleitet. [DoDr98, S.19]

[Hax74, S.123] Dieses 1947 erarbeitete Verfahren wurde ebenfalls zunächst zur Planung von militärischen Einsätzen durch die U.S. Air Force im Rahmen des SCOOP-Projekts[11] verbessert und angewendet, bevor es auch zur Lösung wirtschaftlicher Problemstellungen zur Anwendung kam.

5.1.2.3.1 Beispiel

Wie im vorangegangnen Kapitel soll die Vorgehensweise zum besseren Verständnis an einem Beispiel in Anlehnung an Bicher-Otto [Bich02-ol] verdeutlicht werden. Eine Möbelfabrik stellt zwei Typen von Sesseln her. Jeder Sessel wird eine gewisse Anzahl von Stunden (h) in der Schreinerei, in der Polsterei und in der Veredelungswerkstatt bearbeitet (vgl. Tabelle). Insgesamt stehen pro Tag 33 Stunden in der Schreinerei bzw. Veredelungswerkstatt sowie 67 Stunden in der Polsterei zur Verfügung. Für einen Sessel vom Typ 1 wird eine spezielle Mechanik benötigt, von der täglich höchstens 16 Stück geliefert werden können.

	Schreinerei	Polsterei	Veredelung
Typ 1	2	3	1
Typ 2	1	5	3

Wie viele Sessel sind von jedem Typ zu fertigen, wenn ein Sessel vom Typ 1 € 50,- und ein Sessel vom Typ 2 € 90,- an Gewinn erzielt und die Möbelfabrik das Ziel der Gewinnmaximierung verfolgt?

Zur Lösung des Problems werden zunächst wie bei der graphischen Lösung die Variablen definiert sowie die Zielfunktion und die Nebenbedingungen formuliert:

x_i : Anzahl der Sessel vom Typ i

Maximiere G= G (x_1,x_2) = $50x_1 + 90x_2$ (Zielfunktion)

Unter den Nebenbedingungen:

$2x_1 + x_2 \leq 23$ (Schreinerei)

$3x_1 + 5x_2 \leq 67$ (Polsterei)

$x_1 + 3x_2 \leq 33$ (Veredelung)

$x_1 \leq 16$ (Mechanik)

$x_1, x_2 \geq 0$ (Nichtnegativitätsbedingung)

---

[11] SCOOP ist ein Kürzel für „Scientific Computation of Optimum Programs".

5.1.2.3.2 Der Simplex Algorithmus

Für die Anwendung des Simplex-Algorithmus muss das Restriktionssystem ein lineares Gleichungssystem (LGS) überführt werden. Dies geschieht durch die Einführung sogenannter Schlupfvariablen (y), die im Prinzip die nicht ausgenutzte Kapazität in der Schreinerei, in der Polsterei und in der Veredelungswerkstatt beschreiben. Es ergibt sich folgendes Bild:

$$
\begin{aligned}
2x_1 + x_2 &\le 23 & \quad 2x_1 + x_2 + y_1 &= 33 \\
3x_1 + 5x_2 &\le 67 & \quad 3x_1 + 5x_2 \quad + y_2 &= 67 \\
x_1 + 3x_2 &\le 33 & \quad x_1 + 3x_2 \quad\quad + y_3 &= 33 \\
x_1 &\le 16 & \quad x_1 \quad\quad\quad + y_4 &= 16
\end{aligned}
$$

Der Simplex-Algorithmus für das Optimierungsproblem kann demnach wie folgt dargestellt werden :

Maximiere $G = G(x_1, x_2) = 50x_1 + 90x_2$

unter:

$$
\begin{aligned}
2x_1 + x_2 + y_1 &= 33 \\
3x_1 + 5x_2 \quad + y_2 &= 67 \\
x_1 + 3x_2 \quad\quad + y_3 &= 33 \\
x_1 \quad\quad\quad + y_4 &= 16
\end{aligned}
$$

5.1.2.3.3 Simplex-Tableau

Durch Umformung der Gewinnfunktion in $-50x_1 - 90x_2 + G = 0$ wird die Eintragung in das Simplex-Tableau ermöglicht. Das Anfangstableau ist zugleich die Ausgangsbasislösung und wird in Abbildung 23 gezeigt.

x_1	x_2	y_1	y_2	y_3	y_4	G	
2	1	1	0	0	0	0	33
3	5	0	1	0	0	0	67
1	3	0	0	1	0	0	33
1	0	0	0	0	1	0	16
-50	-90	0	0	0	0	1	0

Zielfunktion

Restriktionen

Gewinn

Abbildung 23: Ausgangslösung des Simplex-Algorithmus, vgl. [Bich02-ol, S.14].

5.1.2.3.4 Vorgehensweise

Die weitere Vorgehensweise stellt sich wie folgt dar. Man beginnt zunächst mit einer zulässigen Lösung des Problems (Basislösung), die dahingehend überprüft wird, ob sie optimal ist. Falls ja, ist das Verfahren beendet, falls nein, bestimmt man eine neue verbesserte Lösung und prüft diese erneut auf Optimalität. So verbessert man sukzessive die Lösung, bis man die optimale Lösung gefunden hat. [Bich02-ol, S.13]

Im Beispiel lautet die Basislösung y_1=33, y_2=67, y_3=33, y_4=16 und wird durch die Basisvariablen gebildet, die in der Regel auch die Schlupfvariablen y_i sind. Der Gewinn der Basislösung ist Null und erscheint unten rechts. Im weiteren Verlauf der Berechnungen ist der jeweils vorliegende Gewinn erst dann optimal, wenn in der letzten Tableauzeile keine negativen Koeffizienten (mögliche Ausnahme: Schlupfvariablen) auftreten. Die vorhandene Lösung wird dadurch verbessert, indem man eine Nichtbasisvariable durch eine Basisvariable austauscht. Dazu wählt man die Nichtbasisvariable aus, die in der letzten Zeile (Zielfunktionszeile) den kleinsten Wert aufweist (hier: x_2: -90). Ökonomisch ausgedrückt, soll zunächst das Produkt mit dem größten Stückgewinn hergestellt werden. Da x_2 Basisvariable werden soll, ist in dieser Spalte ein Einheitsvektor (1) zu erzeugen, der sich durch die zeilenweise Division der Werte der letzten Tableauspalte durch die Koeffizienten von x_2 ergibt. Die „1" wird dann an der Stelle erzeugt, an der sich in der letzten Spalte der kleinste Wert ergibt. D.h. es wird analysiert, wie viele Mengeneinheiten von x_2 in den drei Werkstätten hergestellt werden können. Die maximale Stückzahl von x_2 wird dann durch den minimalen Wert festgelegt.

Abbildung 24: Schritt 1 zur Lösung des Simplex-Algorithmus, vgl. [Bich02-ol, S.16].

Im nächsten Schritt werden geeignete Vielfache der ausgewählten Zeile zu den anderen addiert, um den Einheitsvektor in der Spalte zu erzeugen.

Abbildung 25: Schritt 2 zur Lösung des Simplex-Algorithmus, vgl. [Bich02-ol, S.16].

Die erste verbesserte Lösung mit einem Gewinn von € 990,- ist damit ermittelt. Sie ist allerdings noch nicht optimal, da in der letzten Zeile noch negative Werte stehen. Das Verfahren muss also wiederholt werden. Nun wird x_2 ersetzt, wobei die dritte Zeile vernachlässigt werden kann, da hier bereits ein Einheitsvektor erzeugt wurde. Das weitere Vorgehen geschieht analog zu den vorangegangenen Schritten.

x_1	x_2	y_1	y_2	y_3	y_4	G	
$-\frac{2}{3}$	0	1	0	$-\frac{1}{3}$	0	0	22
$-\frac{2}{15}$	0	0	$\frac{1}{3}$	$-\frac{1}{3}$	0	0	$\frac{12}{5}$
$\frac{1}{3}$	1	0	0	$\frac{1}{3}$	0	0	11
1	0	0	0	0	1	0	16
-20	0	0	0	30	0	1	990

x_1	x_2	y_1	y_2	y_3	y_4	G	
1	0	$\frac{2}{5}$	0	$-\frac{1}{3}$	0	0	$\frac{490}{5}$
1	0	0	$\frac{3}{4}$	$-\frac{5}{4}$	0	0	9
$\frac{1}{3}$	1	0	0	$\frac{1}{3}$	0	0	11
1	0	0	0	0	1	0	16
-20	0	0	0	30	0	1	990

x_1	x_2	y_1	y_2	y_3	y_4	G	
1	0	$\frac{2}{5}$	0	$-\frac{1}{3}$	0	0	$\frac{49}{5}$
1	0	0	$\frac{3}{4}$	$-\frac{5}{4}$	0	0	9
$\frac{1}{3}$	1	0	0	$\frac{1}{3}$	0	0	11
1	0	0	0	0	1	0	16
-20	0	0	0	30	0	1	990

x_1	x_2	y_1	y_2	y_3	y_4	G	
0	0	$\frac{2}{5}$	$-\frac{3}{4}$	$\frac{21}{20}$	0	0	3
1	0	0	$\frac{3}{4}$	$-\frac{5}{4}$	0	0	9
0	1	0	$-\frac{1}{4}$	$\frac{3}{4}$	0	0	8
0	0	0	$-\frac{3}{4}$	$\frac{5}{4}$	1	0	7
0	0	0	15	5	0	1	1170

Abbildung 26: Ermittlung der Lösung, vgl. [Bich02-ol, S.17].

Wie Abbildung 26 zeigt, befinden sich in der letzten Zeile keine negativen Werte mehr, somit ist die Optimallösung gefunden. Der maximale Gewinn von € 1170,- ergibt sich bei einer Produktion von $x_1 = 9$ und $x_2 = 8$ (vgl. Abbildung 27).

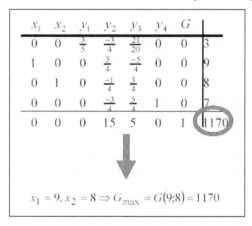

Abbildung 27: Lösung des Simplex-Algorithmus, vgl. [Bich02-ol, S.18].

Zur Vertiefung sei an dieser Stelle auf verschiedene Autoren hingewiesen, die sich mit der Thematik ausführlich auseinandersetzen, so z.B. Domschke/Drexl [DoDr98, S.19ff.], Ellinger/Beuermann/Leisten [EBL98, S.25ff.], Schrage [Schr97].

5.1.2.3.5 Computergestützte Berechnung

Während das obige Beispiel mit lediglich zwei Variablen noch „von Hand" ausge-
rechnet werden kann, ist der Rechenaufwand bei umfangreicheren Problemen
wesentlich höher. Es wurden daher eine Reihe von Programmen entwickelt, die
auch komplexe Probleme in kurzer Zeit lösen (vgl. z.B. http://www.lindo.com).
Die folgende Fallstudie in Anlehnung an Haehling von Lanzauer zeigt beispiel-
haft, wie man mit Hilfe von LINDO ein umfangreicheres Optimierungsproblem
lösen kann. [Haeh02-ol] Ausführlichere Angaben zu dem Produktionsprozess sollen an dieser Stelle nicht erläutert werden und könne in der angegebenen Litera-
turquelle nachgelesen werden. Vielmehr soll hier nur auf die computergestützte
Lösung und deren Interpretation eingegangen werden.

Eine Rohölraffinerie kann mit maximal drei verschiedene Rohölsorten (jeweils bis
zu 6000 Barrel) vier Produkte (Benzin, Heizöl, Diesel und schwerer Treibstoff)
herstellen.. Dazu steht ein Fraktionierer mit einer Kapazität von 10000 Barrel am
Tag zur Verfügung, sowie ein katalytischer Reaktor mit einer Kapazität von
20000 Barrel pro Tag. Es werden für den katalytischen Reaktor die zwei Funkti-
onsarten „normal" und „hart" unterschieden. Darüber hinaus wird an die Benzin-
qualität die Bedingung von 18 katalytischen Naphtha zu 21 fraktionierten Naphtha
gestellt. Die derzeitigen Preise für Benzin betragen $ 5 pro Barrel, für Heizöl $ 4
pro Barrel, Für Diesel $ 3,75 pro Barrel und für schweren Treibstoff $ 2 pro Barrel. Es entstehen variable Kosten in Höhe von $ 0,05 pro Barrel für die Rohölfrak-
tionierung, $ 0,1 für den katalytischen Reaktor im Normal-Modus und $ 0,15 im
Hart-Modus. Das entsprechende Simplex-Tableau sieht wie folgt aus (vgl. Abbildung 28).

	x_1	x_2	x_3	x_4	x_5	x_6	x_7	x_8	x_9	x_{10}	x_{11}	
1)	1											≤ 6.000
2)		1										≤ 6.000
3)			1									≤ 6.000
4)	1	1	1									≤ 10.000
5)				2	2	5						≤ 20.000
6)							1					≤ 4.000
7)								1	1			≤ 4.000
8)	0,2	0,15		0,2	0,3	0,5	-1					$= 0$
9)	0,25	0,3	0,25	-1	-1			-1				$= 0$
10)	0,4	0,3	0,25			-1				-1		$= 0$
11)	0,05	0,15	0,4	0,1	0,1	0,15					-0,9	$= 0$
12)				0,8	0,7	0,5			-1		-0,8	$= 0$
13)				0,2	0,3	0,5	-0,46					≥ 0
Maximiere	-3,8	-3,4	-3	-0,1	-0,15	-0,1	5	4	4	3,75	2	

Abbildung 28: Simplex-Tableau zur Fallstudie, vgl. [Haeh02-ol, S.4].

Die Formulierung des Optimierungsproblems in Lindo sieht wie folgt aus und kann durch das Simplex-Tableau leicht nachvollzogen werden.

```
MAX - 3.8 x1 - 3.4 x2 - 3 x3 - 0.1 x4 - 0.15 x5 - 0.1 x6
    + 5 x7 + 4 x8 + 4 x9 + 3.75 x10 + 2 x11

SUBJECT TO

 1)  x1 <= 6000
 2)  x2 <= 6000
 3)  x3 <= 6000
 4)  x1 + x2 + x3 <= 10000
 5)  2 x4 + 2 x5 + 5 x6 <= 20000
 6)  x7 <= 4000
 7)  x8 + x9 <= 4000
 8)  0.2 x1 + 0.15 x2 + 0.2 x4 + 0.3 x5 + 0.5 x6 - x7 = 0
 9)  0.25 x1 + 0.3 x2 + 0.25 x3 - x4 - x5 - x8 = 0
10)  0.4 x1 + 0.3 x2 + 0.25 x3 - x6 - x10 = 0
11)  0.05 x1 + 0.15 x2 + 0.4 x3 + 0.1 x4 + 0.1 x5
         + 0.15 x6 - 0.9 x11 = 0
12)  0.8 x4 + 0.7 x5 + 0.5 x6 - x9 - 0.1 x11 = 0
13)  0.2 x4 + 0.3 x5 + 0.5 x6 - 0.461 x7 >= 0

END
```

Abbildung 29: Formulierung des Optimierungsproblems in LINDO, vgl. [Haeh02-ol, S.6].

Das Programm LINDO kommt in diesem Fall zu dem in Abbildung 30 dargestellten Ergebnis. Dieses Ergebnis kann wie folgt interpretiert werden (vergleiche dazu die rot markierten Werte). Es werden die Produkte Benzin (3746 Barrel), Heizöl (3076 Barrel) und schwerer Treibstoff (1944 Barrel) hergestellt. Zur Herstellung der optimalen Produktionsmenge werden von den zur Verfügung stehen Rohölen nur Rohöl 1 mit einer Menge von 2960 Barrel und Rohöl 2 mit einer Menge von 6000 Barrel benötigt. In der Spalte „SLACK OR SURPLUS" werden die freien Kapazitäten und Ressourcen angezeigt. Das ergibt eine Kapazitätsbelastung für den Fraktionierer in Höhe von 8960 Barrel, der Katalysator wird bis an die Kapazitätsgrenze belastet. Eine weitergehende Auswertung des Lösungs-Tableaus ist zwar möglich, wird aber im Hinblick auf die Komplexität außer acht gelassen.

OBJECTIVE FUNCTION VALUE		RANGES IN WHICH THE BASIS IS UNCHANGED:			
1)	2593.000			OBJ COEFFICIENT RANGES	
		VARIABLE	CURRENT	ALLOWABLE	ALLOWABLE
VARIABLE	VALUE	REDUCED COST	COEF	INCREASE	DECREASE
X1	* 2860.000000	0.000000	X1	-3.800000	0.137500	0.237500
X2	* 6088.000000	0.000000	X2	-3.480000	INFINITY	0.115500
X3	0.000000	0.206528	X3	-3.000000	0.206528	INFINITY
X4	0.000000	0.050000	X4	-0.100000	0.050000	INFINITY
X5	* 2540.000000	0.000000	X5	-0.150000	0.883333	0.050000
X6	* 2384.000000	0.000000	X6	-0.100000	0.430556	0.593750
X7	* 3746.000000	0.000000	X7	5.000000	9.981481	0.500000
X8	0.000000	0.137778	X8	4.000000	0.137778	INFINITY
X9	* 3075.600098	0.000000	X9	4.000000	0.500000	0.343681
X10	0.000000	0.441667	X10	3.750000	0.441667	INFINITY
X11	* 1844.000000	0.000000	X11	2.000000	0.505095	0.931452

				RIGHTHAND SIDE RANGES	
ROW	SLACK OR SURPLUS	DUAL PRICES	ROW	CURRENT	ALLOWABLE	ALLOWABLE
1)	3040.000000	0.000000		RHS	INCREASE	DECREASE
2)	0.000000	0.115500	1	6000.000000	INFINITY	3040.000000
3)	6000.000000	0.000000	2	6000.000000	3523.803570	3619.047852
4)	1040.000000	0.000000	3	6000.000000	INFINITY	6000.000000
5)	0.000000	0.095050	4	10000.000000	INFINITY	1040.000000
6)	254.000000	0.000000	5	20000.000000	1336.842163	7400.000000
7)	924.400024	0.000000	6	4000.000000	INFINITY	254.000000
8)	0.000000	-5.000000	7	4000.000000	INFINITY	924.400024
9)	0.000000	-4.137778	8	0.000000	3746.000000	254.000000
10)	0.000000	-4.191667	9	0.000000	1300.000000	2305.875977
11)	0.000000	-1.777778	10	0.000000	520.000000	1480.000000
12)	0.000000	-4.000000	11	0.000000	1749.599976	27680.400391
13)	527.093994	0.000000	12	0.000000	3075.600098	924.400024
			13	0.000000	527.093994	INFINITY

Abbildung 30: Lösung des Beispiels mit LINDO, vgl. [Heah02-ol, S.7ff.].

5.1.2.4 Die Big-M-Methode

Die (Big-)M-Methode entspricht formal der Anwendung des primalen Simplex-Algorithmus auf ein erweitertes Problem. [DoDr98, S.27] Auf der Grundlage eines linearen Optimierungsproblems wird zu jeder Nebenbedingung, die keine Schlupfvariable mit positivem Vorzeichen besitzt, auf der linken Seite eine künstliche, fiktive Variable y mit positivem Vorzeichen hinzugefügt. In einer zu maximierenden Zielfunktion wird dann die Variable mit „–M" bewertet. Auf das so erweiterte Problem wir dann der Simplex-Algorithmus angewendet, bis alle y, die sich zu Beginn in der Basis befinden, die Basis verlassen haben. Da sich diese Vorgehensweise nur sehr selten in der Praxis finden lässt, soll diese kurze Vorstellung im Rahmen dieser Arbeit genügen. Zur weiteren Vertiefung kann beispielsweise auf Domschke/Drexl [DoDr98, S.27ff.] verwiesen werden.

5.1.2.5 Die Innere-Punkt-Methode

Als echte Alternative zum Simplex-Verfahren, insbesondere bei der Lösung von großen linearen Programmen, muss die Innere-Punkt-Methode (engl.: interior-point methods) angesehen werden. [GeKa02, S.129] Sie kann auch zur Lösung nichtlinearer beschränkter Optimierungsprobleme angewandt werden. [Kall95, S177] *„Der zentrale Gedanke der Innere-Punkt-Methoden ist die Konstruktion einer stetig von einem Parameter abhängigen Folge von Näherungslösungen, die asymptotisch gegen die exakte Lösung konvertiert."* [Hock95-ol, S.58] Wie bereist dargestellt beruht das Simplex-Verfahren auf der fundamentalen Eigenschaft linearer Optimierungsprobleme, nämlich dass eine optimale Lösung immer in einer Ecke des durch die linearen Nebenbedingungen definierten konvexen Bereichs liegt. [Hock95-ol, S.6] Im Gegensatz zur Simplex-Methode suchen Innere-Punkt-Methoden, ausgehend von einer im Inneren des zulässigen Bereichs liegenden Lösung, nach einer optimalen Lösung. Zu den bekanntesten Vorgehensweisen dieser Art gehören die Ellipsoid-Methode von Khachijan und die projektive Methode von Karmarkar. [DoDr98, S.19f.] Die Methode von Khachijan konstruiert eine Folge von Ellipsoiden, wobei jedes Folgeelement die optimale Lösung enthält und gleichzeitig im Inneren des vorhergehenden Folgeelements liegen. Sie generiert dadurch verbesserte Iterierte im Sinne einer sukzessiven monotonen Verkleinerung der Umgebung der Lösung. [Hock95-ol, S.9] Im Gegensatz zur Simplexmethode erzeugt Karmarkars Verfahren, ausgehend von einem Startpunkt im relativen Inneren der zulässigen Punktmenge, eine Folge, die gegen eine Optimallösung des linearen Programms konvergiert. Befindet man sich nahe genug an der Optimallösung, so kann man diese durch einen einfachen Rundungsprozess aus dem laufenden Iterationspunkt exakt gewinnen. [Krum94-ol, S.1] Weitergehende Informationen zu den Interior Point-Methoden finden sich in den angegebenen Literaturquellen.

5.1.3 Ganzzahlige Programmierung / Integer Programming (IP) und gemischt ganzzahlige Programmierung / Mixed Integer Programming (MIP)

5.1.3.1 Problematik der Ganzzahligkeit

In den Beispielen des vorangegangenen Kapitels waren die Lösungen zufällig von ganzzahliger Natur. Problematisch wäre es geworden, wenn beispielweise der maximale Gewinn des Möbelherstellers bei einer Produktion von 7,3 Sesseln des Typs 1 und 9,2 Sesseln des Typs 2 ermittelt worden wäre. Eine Annäherung durch Rundung der Werte kann dann hilfreich sein, muss aber nicht unbedingt die wirklich optimalste Lösung sein.

Graphisch kann die Problematik wie in Abbildung xx dargestellt werden. Der Lösungsraum eines Linearen Optimierungsproblems wird durch P repräsentiert, während der zulässige Bereich eines entsprechenden ganzzahligen Optimierungsproblem durch P1, bzw. durch die Punkte in P1 gebildet ist. Man spricht auch von P1 als ganzzahlige Schale von P. [KoVy00, S.91]

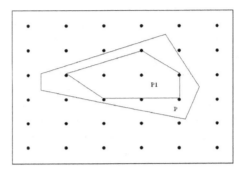

Abbildung 31: Lösungsräume linearer und ganzzahliger Optimierungsprobleme, in Anlehnung an [KoVy00, S.91].

Im Gegensatz zur Linearen Programmierung, bei der ausschließlich kontinuierliche Variablen vorkommen, beschäftigt sich dieses Kapitel also mit ganzzahligen Variablen. Bei Beschränkung ganzzahliger Variablen auf die Werte 0 und 1 spricht man von Binärvariablen und von (gemischt-) binären LP-Modellen. [Scho00, S.67] Zur Lösung ganzzahliger linearer und kombinatorischer Optimierungsprobleme greift man auf Schnittebenen- und Entscheidungsbaumverfahren zurück. *Von den Typen der Entscheidungsbaumverfahren sind die Branch-and-Bound-Ansätze im Rechenlauf am flexibelsten.* [Troß96, S.21] Diese Vorgehensweise wird im Rahmen dieser Arbeit daher vertieft. Die Aufgabenstellung wird dabei bei durch Verzweigung (Branching) sukzessive in kleinere Aufgaben zerlegt. Dies geschieht so lange, bis sich ein solches Teilproblem leicht lösen oder durch Berechnung von Schranken (Bounding) zur Abschätzung des erzielbaren Zielfunktionswertes von der Betrachtung ausschließen lässt, so dass nicht sämtliche zulässigen Lösungen aufgezählt werden müssen (vgl. vollständige Enumeration). [Scho00, S.68]

5.1.3.2 Das Branch&Bound-Verfahren

Branch-and-Bound (B&B) beinhaltet wie schon erwähnt die beiden Lösungsprinzipien Branching und Bounding und es wird wie folgt vorgegangen.

Branching (Verzweigung): Die zu lösende Aufgabe wird in zwei oder mehr Teilaufgaben (Teilprobleme) zerlegt. Dasselbe geschieht wiederum mit jeder entstehenden Teilaufgabe, so dass sich insgesamt ein Baum von Teilaufgaben ergibt. [SKKD02-ol]

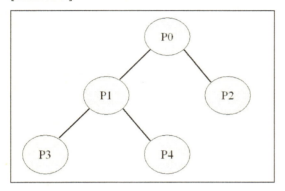

Abbildung 32: Lösungsbaum beim B&B, in Anlehung an [DoDr98, S.125].

Ein zu lösendes Problem P0 (Ausgangsproblem) wird in Teilprobleme P1 und P2 so verzweigt, dass die Vereinigung der Lösungsmenge wiederum diejenige von P0 ergibt und dass deren paarweise Durchschnitte, d.h. die Menge der möglichen Lösungen, nach Möglichkeit leer sind. Diese Teilprobleme werden dann weiter unterteilt. P0 bezeichnet man als Wurzel des (auf dem Kopf stehenden) Baumes, P1 ist die Wurzel des aus P1, P3 und P4 bestehenden Teilbaumes. [DoDr98, S.125]

Bounding (Beschränkung): Wenn man sicher sein kann, dass die optimale Lösung einer Teilaufgabe nicht besser als eine schon bekannte Lösung ist, braucht diese Teilaufgabe nicht weiter betrachtet zu werden. Man spricht davon, daß sie *ausgelotet* ist. Um dies festzustellen, schätzt man beispielsweise den höchstens erreichbaren Gewinn für die betrachtete Teilaufgabe ab. Ein solcher Schätzwert heißt dann *obere Schranke*. [SKKD02-ol] Ein Gewinn von 0 kann demgegenüber die untere Schranke kennzeichnen. Der Verzweigungsprozess wird beschränkt, in dem man mit Hilfe der Schranken entscheidet, ob Teilprobleme verzweigt werden müssen oder nicht.

5.1.3.3 Vorgehen anhand eines Beispiels

Das Vorgehen beim Branch-and-Bound-Verfahren soll exemplarisch an einem kleinen Beispiel erläutert werden. Es wird das B&B-Verfahren auf das folgende Maximierungsproblem angewandt (in Anlehnung an [DoDr98, S.126f.]:

Maximiere $F(x_1,x_2) = x_1 + 2x_2$ (1)

Nebenbedingungen: $x_1 + 3x_2 \le 7$ (2)

                    $3x_1 + 2x_2 \le 10$ (3)

                    $x_1, x_2 \ge 0$ und ganzzahlig   (4)

Dieses Optimierungsproblem kann zunächst problemlos ohne Ganzzahligkeitsbedingung graphisch oder mit Hilfe des Simplex-Algorithmus gelöst werden (vgl. Abbildung 33).

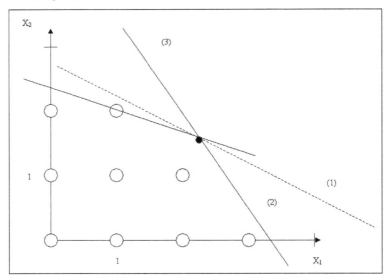

Abbildung 33: Graphische Lösung und obere Schranke, in Anlehnung an [DoDr98, S.126].

Es ergibt sich ein Zielfunktionswert von $F = 5,43$ mit $x_1 = 2,29$ und $x_2 = 1,57$. Diese Lösung ist zwar nicht zulässig, liefert aber die obere Schranke, während der Ursprung, also $x_1 = 0$ und $x_2 = 0$, die untere Schranke bildet. Jetzt bietet es sich an, von diesem Ausgangsproblem P0 zwei Teilprobleme zu bilden. In P1 wird $x_1 \leq 2$ gefordert und in P2 $x_1 \geq 3$ (vgl. dazu Abbildung 34).

Die optimale Lösung von Problem P1 ohne Ganzzahligkeitsbedingung ist $F_1 = 5,33$ mit $x_1 = 2$ und $x_2 = 1,667$. Die optimale Lösung von P2 ist $F_2 = 4$ mit $x_1 = 3$ und $x_2 = 0,5$ und damit schlechter als die Lösung von P1.

Problem P1 wird nun weiterverzweigt durch die neuen Bedingungen x2 ≤ 1 (P3) und $x_2 \geq 2$ (P4). Problem P3 hat als optimale Lösung $F_3 = 4$ mit $x_1 = 2$ und $x_2 = 1$. Dies stellt gleichzeitig eine neue untere Schranke und verbesserte zulässige Lösung von P0 dar. Problem P4 hat als optimale Lösung $F_4 = 5$ mit $x_1 = 1$ und $x_2 = 2$, die nochmals eine Verbesserung zu P0 darstellt und neue untere Schranke darstellt. Die obere Schranke von P2 (F2 = 4) ist kleiner als die Lösung von P4 und muss daher nicht weiter verzweigt werden. Sie ist ausgelotet. Die nachfolgende Abbildung zeigt den Entscheidungsbaum mit allen Teilproblemen und den zusätzlichen Nebenbedingungen und Schranken. Die Lösung $(x_1,x_2) = (1,2)$ mit dem Zielfunktionswert F = 5 ist optimal.

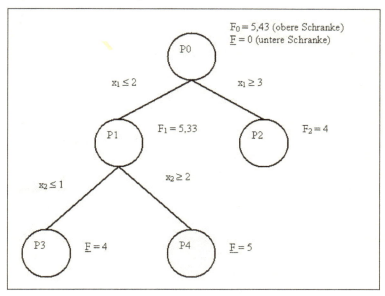

Abbildung 34: Entscheidungsbaum beim Branch&Bound, in Anlehnung an [DoDr98, S. 127].

In vielen Bereichen ist Branch and Bound zur Standardtechnik geworden. Das gilt besonders im Bereich der Logistik bei den Gebieten Transport-, Touren- und Standortplanung.[12] Andere wichtige Bereiche sind z.b. Produktions-, Projekt- und Investitionsplanung. [SKKD02-ol]

„Auch bei den vergleichsweise erfolgreichen Branch-and-Bound-Verfahren stößt die tatsächliche numerische Lösbarkeit bereits bei kleinem Problemumfang alsbald an ihre zeitliche Grenzen." [Troß96, S.21]

5.1.4 Nichtlineare Optimierung

Viele betriebswirtschaftliche Problemstellungen weisen nichtlineare Zusammenhänge auf. Dies können beispielsweise degressive Kostenfunktionen oder Rabatte, die ab einer bestimmten Abnahmemenge gewährt werden, sein. Diese Fragestellungen müssten eigentlich als nichtlineare Optimierungsmodelle formuliert und gelöst werden, können aber häufig ohne Einbußen in der Lösungsqualität in stückweise lineare Funktionen approximiert werden. [Scho01, S.69]

„Unter Problemen der nichtlinearen Planungsrechnung versteht man alle solchen Optimierungsprobleme, bei denen die Zielfunktion und/oder mindestens eine Nebenbedingung in ihren Variablen nichtlinear ist. Typisch für die nichtlinearen Probleme ist, dass das Optimum allgemein nicht wie bei den linearen Problemen in einem Eckpunkt des Lösungsbereiches, ja nicht einmal mehr an einer Begrenzung liegen muss." [Müll73, S.179]

Auch für diese Probleme hat man Optimierungsmodelle aufgestellt und Algorithmen zu ihrer Lösung entwickelt. Die damit erreichte Abbildungsgenauigkeit der Wirklichkeit im Modell beansprucht jedoch einen wesentlich höheren Lösungsaufwand als bei linearen Optimierungsmodellen. Ein allgemeines Instrument zur Lösung, wie z.B. den Simplexalgorithmus, gibt es bei nichtlinearen Problemen nicht. [EBL98, S.185] Statt dessen gibt es eine große Zahl von Lösungsverfahren jeweils für spezielle Klassen nichtlinearer Modelle. [EBL98, S.194] Diese Methoden an dieser Stelle ausführlich zu erläutern erscheint nicht sinnvoll. Statt dessen soll an dieser Stelle in Anlehnung an Fromm ein Überblick über nichtlineare Optimierungsmethoden gegeben werden (vgl. [From75]). [EBL98,S.215f.]

---

[12] Ein Beispiel zum Einsatz bei der Tourenplanung gibt Scholl/Domschke/Klein, vgl. [SDK98b].

a) Lagrangesche Multiplikatorenverfahren

Die Lagrangeschen Multiplikatorenverfahren zur Lösung von nichtlinearen Optimierungsmodellen beruhen auf Modifikationen zur Lagrangeschen Multiplikatorenmethode, welche auch Ungleichungen als Restriktionen zulassen.

b) Kuhn-Tucker-Verfahren

Bei diesem Verfahren, das jedoch nur quadratische Probleme erfasst, wird durch hinzufügen von künstlichen Variablen ermöglicht, dass die Simplexmethode angewandt werden kann.

c) Gradientenverfahren

Die Gradientenverfahren benutzen das Gradientenkonzept zur Bestimmung der Fortschrittsrichtung auf das lokale Optimum hin.

d) Schnittebenenverfahren

Die Schnittebenenverfahren entwickeln eine Folge von jeweils verbesserten approximativen linearen Programmen, deren Lösungen in Richtung der Lösung des nichtlinearen optimalen Programms konvergieren.

e) Hilfsfunktionsverfahren

Hier wird ein beschränktes nichtlineares Problem in ein unbeschränktes nichtlineares Problem transformiert, wobei die beschränkenden Faktoren mit der Zielfunktion verknüpft werden.

f) Heuristische Verfahren

Bei heuristischen Verfahren, die bei Problemen mit hohem Komplexitätsgrad oder sehr hohem Rechenaufwand vorteilhaft angewendet werden, erreicht man (häufig durch Iterationsverfahren) suboptimale Lösungen. Sie kommen u.a. in den Softwarekomponenten von ILOG zur Anwendung (vgl. [ILOG02-ol]) und werden in Kapitel 5.3 näher vorgestellt.

Bei allen der genannten Verfahren gibt es wiederum verschiedene Vorgehensweisen und Methoden. An dieser Stelle sei auf Ellinger/Beuermann/Leisten [EBL98,S.215ff.] hingewiesen, die auf diese Verfahren näher eingehen und weiterführende Literatur nennen.

Eine Einführung in die lineare und nichtlineare Optimierung gibt auch Marti/Gröger, [MaGr00]. Zahlreiche Übungsaufgaben zur linearen, ganzzahlig linea-

ren und nichtlinearen Optimierung nennt Hollnsteiner/Kopel. [HoKo99] Prakti-
sche Beispiele für mathematische Optimierungsverfahren, u.a. aus den Bereichen
Transport und Kommunikation, Automobilindustrie und der chemischen Industrie
werden in Bachem/Jünger/Schrader erläutert. [BJS95]

5.2 Constraint Programming

*"Constraint Programming represents one of the closest approaches computer
science has yet made to the Holy Grail of programming: the user states the problem, the computer solves it."* (Eugene C. Freuder)[13].

5.2.1 Überblick

Die Technik des Constraint Programming stellt eine relativ neue Vorgehensweise
dar, um kombinatorische Entscheidungsprobleme zu lösen, wie sie z.b. in Tourenplanung auftreten können. Sie wurde in der Mitte der achtziger Jahre durch die
Kombination verschiedener Artifical Intelligence-Konzepte (Konzepte der Künstlichen Intelligenz, vgl. hierzu auch Kapitel 5.4) entwickelt und hat mittlerweile
große Beachtung in der Praxis und dem Operations Research gefunden. Nach-
weislich eingesetzt wird Constraint Programming beispielsweise in den Software-
Systemen von ILOG (vgl. hierzu [ILOG02-ol, S.33ff.]). [Klei00, S.353][14] Die
Komplexität von kombinatorischen Entscheidungsproblemen wird beispielsweise
bei Flow-Shop-Problemen[15] offensichtlich. Bei n Aufträgen und m Maschinen
beträgt die Anzahl der möglichen Auftragsfolgen $(n!)^m$. So liegen bei 10 Aufträgen und drei Maschinen bereits $4,778 \times 10^{19}$ Kombinationen vor, unter der Voraussetzung, dass sich die Aufträge zwischen den Maschinen nicht überholen dürfen, immerhin noch n!, d.h. $10! = 3.628.800$ mögliche Auftragsfolgen. [ReUr99,
S.318]

Es wird zwischen Vorgehensweisen unterschieden, welche nur eine Lösung, alle
Lösungen, die optimale Lösung oder zumindest eine gute Lösung finden wollen,
wobei die Verbindung mit, bzw. die Abgrenzung zu traditionellen Methoden des
Operations Research Probleme bereitet. Die folgende Aufzählung zeigt mögliche
Vorgehensweisen für das Auffinden zulässiger Lösungen [Knol01, S.147ff.]:

---

[13] Zitiert nach Alicke, vgl. [Alic99, S.41].
[14] Ein Hinweis auf den Einsatz des Constraint Programming in ILOG-Produkten sowie weiterfüh-
    rende Informationen zu dieser Optimierungsmethode gibt auch Lustig/Puget, vgl. [LuPu01].
[15] Probleme bei der Maschinenbelegungsplanung.

- Systematische Suche

    o Generate and test

    o Backtracking

- Konsistenztechniken

    o Knotenkonsistenz

    o Kantenkonsistenz

    o Pfadkonsistenz

- Constraint Propagation

    o Backjumping

    o Backchecking

    o Backmarking

    o Forward checking

    o Look ahaed

- Heuristiken.

5.2.2 Arbeitsweise der Constraintverfahren

Constraintprobleme sind – verallgemeinert ausgedrückt - kombinatorische Probleme, bei denen Variablen Werte zugewiesen werden, die bestimmten Bedingungen genügen müssen oder sollen, wobei aber bestimmte Kombinationen von Werten verboten sind. [GWI00-ol, S.3] Die Stärke von Constraintverfahren besteht darin, mit ganzen Wertebereichen anstatt nur mit Werten zu rechnen. Dazu existieren für jeden Constrainttyp Filtermethoden die in der Constraintbibliothek abgelegt sind. Die Filtermethoden wiederum entfernen in einer Kettenreaktion diejenigen Werte aus den Wertebereichen, die in keiner Lösung des Constraintproblems vorkommen können. Angenommen, Constraint c_1 in der Abbildung 35 ist ein Gleichheitsconstraint (Constrainttyp mit Gleichheitsrelation). Die Filtermethoden bei der Propagierung[16] von c_1 entfernen dann zunächst Wert a aus Variable v_5, weil dieser Wert in Variable v_4 nicht vorkommt. Diese Filterung zieht in der Abbildung weitere Streichungen derjenigen Werte nach sich, die nur in Verbindung mit soeben gefilterten Werten durch ein Constraint erlaubt waren.

---

[16] Propagierung ist die Verknüpfung vom Merkmal des Zugangsknotens mit dem entsprechenden Merkmal des Bedarfsknotens, vgl. [SAPI02-ol].

Die gestrichelten Pfeile deuten diese Folgefilterungen an, die einen Großteil der Alternativen aus den Wertebereichen entfernen. Die Suche nach einer Belegung der Variablen wird einfacher, ohne dass eine mögliche Lösung verloren geht. [GWI00-ol, S.9]

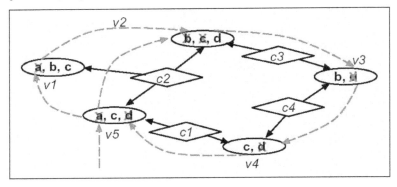

Abbildung 35: Filterung von Wertebereichen durch Constraintprogrammierung, vgl. [GWI00-ol, S.10].

5.2.3 Baumsuchverfahren

Mit der Constraintpropagierung allein lässt sich jedoch noch keine Lösung berechnen. Vielmehr werden dazu Suchbäume entwickelt, die mit Hilfe des Backtracking entstehen (vgl. Abbildung 36). Eine Variable v1 wird ausgewählt und ein Wert 1,1 festgehalten. Danach wird eine Variable v2 ausgewählt, wo ein Wert 2,1 betrachtet wird. Nach und nach wird so eine vollständige Belegung aller Variablen durchgeführt. Während dieses Kombinationsprozesses werden Constraints propagiert (vgl. oben), um zu testen, inwieweit die ausgewählten Belegungen der Variablen mit den Anforderungen übereinstimmen. Die Constraintpropagierung kann die zu bildenden Suchbäume effektiv durch Filtermethoden, Optimierung der Reihenfolge bei der Variablenbelegung und der Optimierung der Reihenfolge bei der Zuweisung der Werte verkleinern.

64

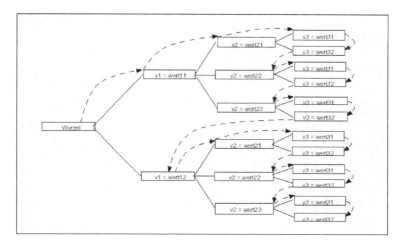

Abbildung 36: Prinzip der Baumsuche, vgl. [GWI00-ol, S.10].

5.2.4 Lokale Suchverfahren

Das Baumsuchverfahren ist sehr komplex und häufig zu aufwendig. Daher greift man auch auf Näherungsverfahren zurück, die die Optimalität im Gegensatz zum Baumsuchverfahren nicht nachweisen können, mit zunehmender Berechnungsdauer aber immer bessere Lösungen garantieren. Auf diese Näherungsverfahren wird im Kapitel 5.3 näher eingegangen. Hier wird aber die schon erwähnte Problematik des Constraint Programming erkennbar, nämlich die Abgrenzung zum, bzw. Einordnung in das Operations Research.

5.2.5 Hilferuf eines Studenten

Mit Hilfe des nachfolgenden Beispiels, „Der Hilferuf eines Studenten an seinen Vater", soll die Arbeitsweise eines Propagierungs-Algorithmus erläutert werden.[17] Ein englischer Student war in großen Geldnöten und schickte seinem Vater folgendes Telegramm: „Send more money". Der Vater wollte es seinem Sohn nicht so einfach machen und schickte ihm das Telegramm in veränderter Form zurück.

---

[17] Beispiel mit Lösungsweg in Anlehnung an Reif. [Reif00-ol, Kap.3].

Dazu gab der Vater den Hinweis, dass der Sohn das Geld nur bekommt, wenn er folgende Aufgabe löst.

$$\begin{array}{r} \text{SEND} \\ + \text{MORE} \\ \hline \text{MONEY} \end{array}$$

Dazu gibt er weiterhin folgende Bedingungen:

- Ziel ist es jedem Buchstaben (D,E,M,N,O,R,S,Y) eine Ziffer (0,...,9) zu-zuweisen, so dass obige Addition korrekt ist.
- Es dürfen keine Ziffern doppelt zugeordnet werden.
- Die höchstwertige Ziffer jeder Zahl muss ungleich Null sein.

Wie bei den meisten Optimierungsproblemen liegt hier der erste und vielleicht schwerste Schritt darin, eine geeignete Formulierung zu entwickeln. Die gegebene Darstellung stellt eigentlich eine Gleichung mit acht Variablen dar. Statt dessen teilt man aber nun die Gleichung entsprechend der Spalten und erhält somit fünf Gleichungen. Eine mögliche Formulierung der Constraints lautet z.B. für die letzte Spalte „wenn (D+E<10) dann (D + E = Y), sonst (D+E=10+Y) ". Diese Formulierung ist aber sehr umständlich, da für die folgenden Spalten immer mehr Fall-unterscheidungen nötig werden. Eine bessere Beschreibung zeigen die Gleichungen (1) bis (5) in der u.a. Tabelle, bei der die Überträge der Gleichung als neue Variablen $U_1, ... U_4$ dargestellt werden. D.h. das wie bei der Addition „von Hand", bei einer mehr als einstelligen Zahl die vordere Ziffer zur nächsten Spalte hinzu-addiert wird. Da die ersten Stellen (M,S) ungleich Null sein müssen, ergeben sich die unten gezeigten Wertebereiche.

C_1:	$D+E=Y+10xU_1$	(1)
C_2:	$N+R+U_1=E+10xU_2$	(2)
C_3:	$E+O+U_2=N+10xU_3$	(3)
C_4:	$S+M+U_3=O+10xU_4$	(4)
C_5:	$M=U_4$	(5)
	$D,E,N,O,R,Y \in \{0,1,2,3,4,5,6,7,8,9\}$	
	$M,S \in \{1,2,3,4,5,6,7,8,9\}$	
	$U_1,U_2,U_3,U_4 \in \{0,1\}$	

Tabelle 3: Wertebereiche im Beispiel, in Anlehnung an [Reif00-ol, Kap.3].

Aus C_5 folgt, dass M und U_4 die selbe Zahl darstellen, und ist deshalb durch die Schnittmenge der beiden Wertebereiche mit M=1 eindeutig bestimmt. Dadurch kann die Ziffer 1 aus der Wertebereichen der einzelnen Variablen gestrichen werden, nicht aber aus dem Wertebereichen der Überträge. In der weiteren Folge wird nicht mehr angegeben, dass eine eindeutig zugeordnete Zahl aus den Wertebereichen gestrichen wird. Constraint C_4 reduziert sich nun auf $S+U_3=0+9$. Damit können keine weiteren Werte eindeutig bestimmt werden. Es wird also eine Annahme nötig, die auf ihre Richtigkeit überprüft wird. Da U_3 die kleinste Wertemenge besitzt, wird eine Annahme für diese Variable getroffen.

Annahme: $U_3=1$.

C_4 vereinfacht sich zu $S=0+8$. Daraus ergibt sich, dass $S \in \{8,9\}$ ist und O=0, da wegen M=1 die Ziffer aus dem Wertebereich gestrichen wurde. Damit vereinfacht sich C_3 zu $E+U_2=N+10$, was für keine gültige Wertebelegung erfüllt sein kann, da E<10 sein muss. Die Annahme $U_3=1$ war also falsch, und muss ebenso wie alle daraus abgeleiteten Variablen zurückgesetzt werden.

Damit folgt die neue Annahme $U_3=0$.

C4 vereinfacht sich zu S=O+9 und ist nur mit S=9 und O=0 erfüllbar. Für C_3 ergibt sich nun E+U_2=N. Die Annahme U_2=0 führt zum Widerspruch E=N, also muss U_2=1 sein. Daraus folgt E+1=N. Direkt lässt sich mit C_3 keine weitere Variable bestimmen. Daher ersetzt man in C_2 N durch E+1. Diesen Schritt macht das symbolische Propagieren möglich. Für C_2 ergibt sich R+U_1=9. Da die Ziffer 9 nicht mehr im Wertebereich der Variablen R ist, folgt R=8 und U_1=1. Für C_1 gilt nun D+E=Y+10. Da jede der Variablen D,E,N,Y noch sechs Werte annehmen kann, scheint eine Fallunterscheidung wenig sinnvoll. Auch hilft uns das symbolische propagieren nicht weiter. Dagegen hilft die Propagierung der Wertemengen. Die aktuellen Wertemengen sind D,E,N,Y∈ {2,3,4,5,6,7}. Durch die Gleichung E+1=N folgt, dass für N der Wert 2 und für E der Wert 7 herausfällt. Aus D+E=Y+10 folgt die Ungleichung D+E>11. Dadurch werden die Wertemengen weiter eingeschränkt: E∈ {5,6} und D∈ {6,7}.

Da für E nur mehr zwei Werte zur Verfügung stehen, kann wieder eine Annahme getroffen werden. Aus E=6 folgt D=7 und N=7 und stellt einen Widerspruch dar. Daher muß E=5 sein. Damit ergeben sich für die restlichen Variablen die Werte: N=6, D=7 und Y=2. Die eindeutige Lösung des Problems lautet also:

$$\begin{array}{r} 9567 \\ +1085 \\ \hline 10652 \end{array}$$

5.3 Heuristiken

Bei den Heuristiken lässt sich als bedeutender Vertreter die Klasse der Nachbarschaftssuchverfahren identifizieren.[18] Hierzu zählen Tabu Search (TS), Simulated Annealing (SA), Treshold Accepting (TA) und Genetische Algorithmen (GA), die auch zur Klasse der Evolutionären Algorithmen zugeordnet werden können.[19] [ScMe00, S.58]

---

[18] Diese werden auch oft als auch als Hill-Climbing-, iterative oder lokale Suchverfahren bezeichnet.

[19] Ebenfalls zu den Heuristiken zählt das Ameisen-System (Ant System; Ant Colony Optimization), das aber im Rahmen dieser Arbeit vernachlässigt wird, da es nach Meinung des Autors eine relativ geringe Bedeutung bei der Lösung von betriebswirtschaftlichen Problemen hat. Informationen zum Ant System gibt es u.a. bei [DMC96-ol] und [Dori02-ol].

5.3.1 Das Kreisen in Suchverfahren

Suchverfahren lassen eine vorübergehende Verschlechterung des Zielfunktionswertes bei der Suche nach optimalen Lösungen zu. Durch Verschlechterungen und
anschließende Verbesserungen kann es jedoch passieren, dass man wieder zu einem bereits besuchten lokalen Optimum zurückkehrt, d.h. ins Kreisen gerät.
Grundsätzlich bieten sich zwei Möglichkeiten an, diesem Problem zu begegnen:

* Es wird nicht jeweils der beste, sondern einer unter mehreren vielverspre-
  chenden Zügen ausgewählt. Je nach Auswahlregel lassen sich verschiedene Strategien unterscheiden. Wichtige Beispiele sind Simulated Annealing
  und Threshold Accepting.

* Es wird (möglichst) immer der beste Zug ausgeführt, der nicht zu einer bereits betrachteten Lösung zurückführen kann. Diese Vorgehensweise verfolgt Tabu Search.

Im Gegensatz zur ersten Möglichkeit erfordert die zweite die Realisierung einer
Gedächtnisfunktion. Obwohl dies auf den ersten Blick unnötig kompliziert er-
scheinen mag, ist die zielgerichtete Vorgehensweise von Tabu Search den anderen
Verfahren bei vielen Problemen deutlich überlegen. Diese Überlegenheit bleibt
auch für sehr schlichte Varianten von Tabu Search erhalten. Da solche Varianten,
wie im folgenden gezeigt werden soll, einfach zu implementieren und sehr flexibel sind, stellt Tabu Search zur Zeit eines der besten Werkzeuge zur Lösung kombinatorischer Optimierungsprobleme dar. [DKS96-ol]

Heuristische Verfahren, die zwischenzeitlich keine Verschlechterung des Zielfunktionswertes zulassen, laufen Gefahr in einem lokalen Optimum stecken zu
bleiben (vgl. Abbildung 37).

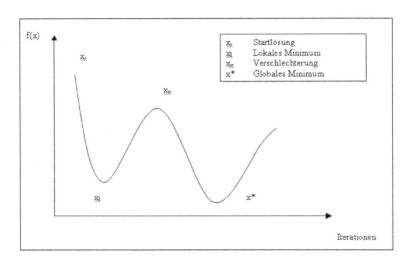

Abbildung 37: Grundproblem lokaler Suchmethoden, vgl. [VFG00, S.556].

Bei einem Minimierungsproblem besteht somit die Gefahr, von einer Anfangslösung x_s ausgehend, im lokalen Minimum x_l zu landen. Werden allerdings zwischenzeitliche Verschlechterungen zugelassen, so ist es möglich über die Verschlechterung x_v hinweg zu laufen und das globale Minimum x^* zu erreichen. Analog dazu besteht bei Maximierungsproblemen die Möglichkeit über diverse Täler zu globalen Optima zu gelangen. Diese Problematiken beschäftigen uns insbesondere beim Simulated Annealing und dem Threshold Accepting.

5.3.2 Tabu Search (TS)

5.3.2.1 Einführendes Beispiel – Das Knapsack-Problem

Zur Darstellung der prinzipiellen Vorgehensweise von Tabu Search soll ein in der Literatur häufig vorkommendes Beispiel eines nicht alltäglichen Optimierungsproblems dienen. Bei einer Geschäftsreise möchte ein Gelegenheitsschmuggler aus Brasilien möglichst viele Gegenstände in seinem Koffer mitnehmen, die er in Deutschland mit Gewinn (zollfrei) verkaufen kann. Da er mit dem Flugzeug reist, darf der Kofferinhalt ein Gewicht von 20 kg nicht überschreiten. In der Mathematik wird diese Art einer Problemstellung als Rucksack-Problem (Knapsack-Problem) bezeichnet.

Der Schmuggler Carlos kann sich zwischen folgenden Schmuggelwaren entscheiden, deren Gewichte und Gewinne in der untenstehenden Tabelle angegeben sind: handgeschnitzte Indianermaske (1), Diamant (2), Zuckerrohrschnaps (3), Goldbarren (4), Kaffee (5), Zigarren (6).

Gegenstand	1	2	3	4	5	6
Gewicht	6	7	5	8	5	3
Gewinn	9	10	14	11	8	8

Tabelle 4: Daten zum Knapsack-Problem, vgl. [DKS96-ol].

Carlos packt die Gegenstände mit dem höchsten Gewinn nacheinander ein und es gelingt ihm den Diamanten, den Schnaps und den Goldbarren unterzubringen. Er errechnet einen Gesamtgewinn von 35 $ und ein Gesamtgewicht von 20 kg. Carlos ist sehr zufrieden mit dieser Lösung, da der Koffer vollständig gefüllt ist und er nur die gewinnträchtigsten Waren eingepackt hat.

5.3.2.2 Begriffe beim Tabu Search

Um die Arbeitsweise des Tabu Search darzulegen, müssen zunächst einige Begriffserläuterungen vorgenommen werden.

- Der Übergang von einer Lösung zu einer anderen durch Ein- oder Auspacken eines Gegenstandes (in den Koffer) ist ein **Zug**.

- Jede von einer Lösung x durch Ausführung eines Zuges erreichbare andere Lösung bezeichnen wir als **Nachbar** (Nachbarlösung) von x.

- Die Menge aller Nachbarn bildet die **Nachbarschaft von x**. Z.B. besteht die Nachbarschaft der Kombination {2,3,5,6} aus den Nachbarlösungen {2,3,5}, {2,3,6}, {2,5,6} und {3,5,6}.

- Die von Carlos ermittelte Anfangslösung {2,3,4} ist ein **lokales Optimum**, da keine der Nachbarlösungen einen höheren Gewinn aufweist.

- Beim Einpacken soll der Gewinn möglichst stark anwachsen und beim Auspacken (Verlassen eines lokalen Optimums) nur gering sinken. Kehrt man durch Verschlechterungen und anschließende Verbesserungen wieder zu einem bereits besuchten lokalen Optimum zurück, gerät man ins **Kreisen**.

Grundsätzlich kann man ein Kreisen verhindern, indem man die Rückkehr zu einer bereits betrachteten Lösung vermeidet. Dies kann auf verschiedene Weisen geschehen:

1. Man speichert alle zuvor betrachteten Lösungen. Wenn ein Zug zu einer solchen Lösung führen würde, wird dieser für die aktuelle Iteration des Verfahrens verboten. Ausgeführt wird der beste unter den nicht verbotenen Zügen.

2. Man speichert und verbietet bestimmte Züge, von denen man weiß oder vermutet, dass sie zu einer bereits betrachteten Lösung zurückführen.

Die erste Variante scheitert bei größeren Problemen an der Vielzahl der abzuspeichernden Lösungen. Dies gilt sowohl in bezug auf Speicherplatzbedarf als auch auf Rechenzeitbedarf. Jede besuchte Lösung muss vollständig gespeichert werden. Bevor man zu einer neuen Lösung x übergehen kann, muss man jeweils die Liste der gespeicherten Lösungen durchsuchen, ob x dort enthalten ist, also bereits vorher besucht wurde. [DKS96-ol]

5.3.2.3 Verfahrensweise

Die einfachste Version von Tabu Search läßt sich wie folgt skizzieren. In jeder Iteration des Verfahrens wird ein Zug ausgeführt. Das Komplement des jeweiligen Zuges wird für eine gewisse Anzahl nachfolgender Iterationen tabu gesetzt (verboten). Diese Tabudauer ist ein wichtiger Steuerungsparameter des Verfahrens.

Ausgehend von einer aktuellen Lösung x werden alle Züge, die zu Lösungen aus der Nachbarschaft von x führen, untersucht. Unter allen nicht tabu gesetzten Zügen wird jeweils der zur bestmöglichen Lösung führende ausgewählt. Ist die resultierende Lösung besser als die bislang als beste gespeicherte, ersetzt sie diese. Gibt es mehrere beste Züge, entscheidet eine zusätzliche "Tie Break"-Regel. Beim Schmugglerproblem entscheidet man sich bei mehreren Gegenständen mit demselben Gewinn sinnvollerweise für das Einpacken des leichtesten bzw. das Auspacken des schwersten Gegenstands. Da Carlos intuitiv die Umkehrung des jeweils letzten Zuges verbietet, handelt es sich bei seiner Vorgehensweise um ein einfaches Tabu Search Verfahren mit einer Tabudauer TD=1. Die tabu gesetzten Züge werden in einer Tabuliste verwaltet. Jeder Eintrag der Tabuliste wird nach TD Iterationen wieder gelöscht. Das Verfahren endet, sobald ein vorzugebendes Abbruchkriterium erfüllt ist. Dabei kann es sich z.B. um eine vorgegebene maximale Iterationsanzahl oder ein Rechenzeitlimit handeln.

Die untenstehende Tabelle zeigt den Lösungsverlauf, wenn die beschriebene Grundversion von Tabu Search mit TD=3 auf Carlos' Problem angewendet wird. Ausgehend von der Anfangslösung {2,3,4} ergeben sich in den ersten 3 Iterationen (mit den ersten 3 Zügen) dieselben Lösungen wie bei Carlos' Vorgehensweise. Die Tabelle zeigt für jede Iteration die aktuelle Lösung, die Tabuliste und den durchgeführten Zug sowie das tabu zu setzende Komplement dieses Zuges. Der zuletzt verbotene Zug steht am Ende und der am längsten verbotene Zug am Beginn der Tabuliste.

Iteration	Lösung	Tabuliste	Zug	neu tabu
1	(2,3,4)	<]	2-	2+
2	(3,4)	<2+]	1+	1-
3	(1,3,4)	<2+,1-]	4-	4+
4	(1,3)	<2+,1-,4+]	6+	6-
5	(1,3,6)	<1-,4+,6-]	5+	5-
6	(1,3,5,6)	<4+,6-,5-]	1-	1+
7	(3,5,6)	<6-,5-,1+]	2+	2-
8	(2,3,5,6)	<5-,1+,2-]	6-	6+
9	(2,3,5)	<1+,2-,6+]	5-	5+
10	(2,3)	<2-,6+,5+]	4+	4-
11	(2,3,4)	<6+,5+,4-]	2-	2+

Tabelle 5: Tabu Search - Verfahrensablauf im Beispiel, vgl. [DKS96-ol].

In der vierten Iteration (ausgehend von der Lösung {1,3}) sind folgende Züge tabu gesetzt, d.h. folgende Aktionen verboten: Einpacken von 2, Auspacken von 1, Einpacken von 4. Dies wird symbolisiert durch 2+, 1- und 4+. Aufgrund dieser Einträge in der Tabuliste ist der vierte Zug von Carlos verboten. Es ist also nicht möglich, Gegenstand 2 wieder einzupacken. Ebenso kann Gegenstand 4 nicht sofort wieder eingepackt werden. Stattdessen wird aufgrund der Tie Break- Regel der Gegenstand 6 ergänzt.

In der anschließenden Iteration wird zusätzlich Gegenstand 5 hinzugefügt. Dadurch ergibt sich ein Gesamtgewinn von 39 $ bei einem Gesamtgewicht von 19 kg. Das bedeutet, es wurde eine bessere Kombination als die Anfangslösung ermittelt. Diese wird als momentan beste Lösung gespeichert.

Carlos würde nun Gegenstand 6 wieder entfernen. Bei Tabu Search (mit TD=3) wird jedoch Gegenstand 1 ausgepackt, da das Auspacken der Gegenstände 5 und 6 (sowie das Einpacken von Gegenstand 4) durch die Einträge der Tabuliste verboten ist.

Anschließend kann Gegenstand 2 eingepackt werden, und es ergibt sich die optimale Lösung {2,3,5,6} mit einem Gesamtgewinn von 40 $ bei einem Gewicht von 20 kg. Diese Lösung wird als momentan beste gespeichert. Da das Verfahren nicht in der Lage ist festzustellen, daß es sich tatsächlich um die optimale Lösung handelt, werden weitere Iterationen durchgeführt. Zunächst wird Gegenstand 6, dann Gegenstand 5 ausgepackt (nicht umgekehrt wegen der jeweils gültigen Tabuliste). Anschließend wird Gegenstand 4 eingepackt.

Durch die letzte Aktion gelangt man zur Ausgangslösung {2,3,4} zurück. Dies führt bei Tabu Search mit TD>1 im Gegensatz zu Carlos' Vorgehensweise jedoch nicht zwangsläufig zum Kreisen. Beim zweiten Besuch dieser Lösung enthält die Tabuliste nämlich andere Einträge. Zu Beginn war sie leer, nun sind das Auspacken des Gegenstands 4 und das Einpacken von 5 und 6 verboten. Die nächsten beiden Umpackaktionen (2-, 1+) können wie beim ersten Besuch der Kombinationen {2,3,4} und {3,4} ausgeführt werden. Anschließend ist jedoch das Auspacken von Gegenstand 4 verboten, und man gelangt zur Kombination {1,4}. Dadurch hat man den Kreis wieder verlassen.

Betrachtet man andere Tabudauern, so lässt sich erkennen, dass dieser Parameter von großer Bedeutung für das gute Funktionieren von Tabu Search ist. Wählt man TD=2, so ergibt sich derselbe Lösungsgang wie bei Carlos. Man gelangt also ebenfalls ins Kreisen. Mit TD=4 ergibt sich bei der Kombination {1,3,5,6} in Iteration 6 die Tabuliste TL= [1-,4+,6-,5-]. Das Entfernen von Gegenstand 1 ist verboten, und das Verfahren läuft am Optimum vorbei. Es zeigt sich, dass zu kleine Werte ein Kreisen des Verfahrens nicht zuverlässig verhindern können. Zu große Werte führen verstärkt dazu, dass auch Züge verboten werden, die in der aktuellen Iteration überhaupt nicht zu bereits besuchten Lösungen zurückführen würden.

5.3.2.4 Dynamische Tabus

Die vorgestellte einfachste Version von Tabu Search ist ein statischer Ansatz. Es wird zum Zeitpunkt der Ausführung eines Zuges entschieden, wie lange sein Komplement tabu gesetzt wird. Dies geschieht unabhängig davon, ob ein solcher Zug in einer späteren Iteration tatsächlich zu einer bereits besuchten Lösung zurückführt. Durch diese starre Strategie werden viele Züge unnötigerweise bzw. nicht lange genug verboten.

Daher hat man dynamische Methoden zur Steuerung von Tabu Search entwickelt. Bei solchen Methoden werden alle bisher durchgeführten Züge gespeichert. Anhand dieser Aufzeichnungen wird jeder aktuell in Frage kommende Zug in jeder Iteration explizit daraufhin überprüft, ob er tatsächlich zu einer bereits besuchten Lösung zurückführt.

Aus zwei Gründen gehen wir nicht näher auf dynamische Methoden ein. Zum einen sind selbst die einfachsten statischen Ansätze mit sinnvoll gewählten Tabudauern TD bei vielen Problemstellungen sehr erfolgreich. Zum anderen sind dynamische Methoden nicht so leicht zu beschreiben und zu implementieren wie statische Methoden. [DKS96-ol]

5.3.2.5 Komplexere Züge

Anstatt jeweils einen einzigen Gegenstand ein- bzw. auszupacken, wäre es auch möglich, einen oder zwei Gegenstände im Koffer durch einen oder zwei nicht enthaltene zu ersetzen. Derartige (mehrattributige) Züge führen zu veränderten Nachbarschaften von Lösungen. Benachbarte Lösungen unterscheiden sich nun stärker voneinander.

Ausgehend von der Anfangslösung {2,3,4} ist bei dieser Zugdefinition die optimale Lösung unmittelbarer Nachbar der Anfangslösung und würde somit in der ersten Iteration durch den Zug (4-, 5+,6+) gefunden. Die Abbildung zeigt Kombinationen, die von der Startlösung aus durch die angegebenen komplexeren Züge erreichbar sind. Dabei sind solche (ineffizienten) Kombinationen ausgelassen worden, die durch einen weiteren Gegenstand zulässig ergänzt werden können.

Mehrattributige Zugdefinitionen führen jedoch zu erhöhtem Aufwand bei der Suche nach dem jeweils besten Nachbarn und zu einem komplexeren Tabulistenmanagement. In Abhängigkeit von der betrachteten Problemstellung ist daher sorgfältig abzuwägen, welche Zugdefinition als Grundlage eines Tabu Search Verfahrens gewählt wird. [DKS96-ol]

5.3.3 Simulated Annealing (SA)

Die Methode des Simulated Annealing wurde ursprünglich zur Simulation von Abkühlungsprozessen in der Statistischen Mechanik entwickelt, um für Festkörper die Molekülanordnung zu finden, bei der sie jeweils ihren stabilsten Zustand erreichen. [ReUr99, S.321]

Nachbarschaftssuchverfahren beginnen mit einer, z.b. durch ein Eröffnungsverfahren erzeugten, zulässigen Ausgangslösung des Problems, die gleichzeitig die aktuell beste Lösung ist, als Bezugslösung und versuchen, diese durch eine definierte, geringfügige Modifikation in eine neue Bezugslösung zu überführen. [GEK98, S.444f.]

5.3.3.1 Vorgehensweise

Nach dem Prinzip der simulierten Abkühlung geht man wie folgt vor. Ausgehend von einer Startlösung wird zunächst eine Nachbarkonfiguration zufällig ausgewählt und mit der Lösung verglichen. Bei einem besseren oder identischen Zielfunktionswert wird die Suche von der neuen Lösung aus fortgesetzt. [ReUr99, S.321] Falls in einem Schritt des Suchverfahrens keine Verbesserung des Zielwertes erreicht worden ist, wird eine schlechtere Lösung dennoch mit einer bestimmten Wahrscheinlichkeit akzeptiert. Diese Annahmewahrscheinlichkeit der schlechteren Lösung hängt dabei vom Ausmaß der Zielfunktionsverschlechterung und von einem Kühlparameter ab, der im Verfahrensverlauf sukzessiv (schrittweise) reduziert wird. Dadurch werden in frühen Phase der Suche auch schlechte Lösungen mit relativ hoher Wahrscheinlichkeit akzeptiert, während im Fortgang des Verfahrens Lösungsverschlechterungen immer häufiger abgelehnt werden. Man hofft, auf diese Weise aus anfänglich erreichten Tälern (lokale Optima) des Zielgebirges wieder herauszukommen, während man nach einer gewissen Laufzeit des Verfahrens davon ausgeht, dass ein erreichtes Tal dem gesuchten globalen Optimum entspricht, aus dem man nicht mehr herauswandern sollte.

Das folgende Bild zeigt die Entwicklung der Annahmewahrscheinlichkeit als Funktion des Abkühlparameters und der Lösungsverschlechterung.

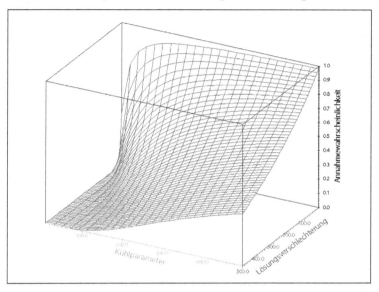

Abbildung 38: Annahmewahrscheinlichkeit als Funktion des Abkühlparameters und der Lösungsverschlechterung, vgl. [Temp02-ol].

Der Kühlparameter wird im Verlaufe des Verfahrens verringert. Damit sinkt die Annahmewahrscheinlichkeit für eine gegebene Lösungsverschlechterung. Am Ende werden keine neuen, zielwertverbessernden Lösungen mehr gefunden: Das Verfahren friert ein und bricht schließlich ab, wenn über eine längere Zeit keine neue Lösung mehr akzeptiert wurde. [Wäsc98, S.1303]

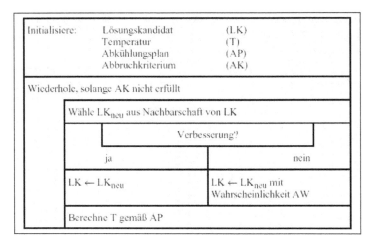

Abbildung 39: Grobstruktur des Simulated Annealing, vgl. [Sied94, S,20].[20]

5.3.3.2 Lösung eines Flow-Shop-Problems mit Simulated Annealing

Im Beispiel soll ein Maschinenbelegungsplan aufgestellt werden. Fünf Aufträge (A,B,C,D,E) sollen in gleicher Reihenfolge drei Maschinen durchlaufen. Ein Auftrag kann erst dann auf einer Maschine bearbeitet werden, wenn diese frei geworden ist und die Bearbeitung des Auftrags auf der vorangegangenen Maschine abgeschlossen ist. Die Bearbeitungszeiten können der folgenden Tabelle entnommen werden. Ziel ist es, die minimale Durchlaufzeit zu ermitteln.

Auftrag Maschine	A	B	C	D	E
1	14	26	1	52	5
2	24	6	2	18	15
3	31	23	5	14	2

Tabelle 6: Matrix der Bearbeitungszeiten, vgl. [ReUr99, S322].

---

[20] Ein etwas ausführlicheres Struktogramm zeigt Reese/Urban, vgl. [ReUr99, S.321].

Bei vollständiger Enumeration müssten bei solch einem kleinen Problem bereits 120 Anordnungsmöglichkeiten berechnet werden. Im Beispiel wird (nach Vorstellen von verschiedenen Eröffnungsverfahrens) von der Anfangslösung D-B-C-A-E mit der Zykluszeit von 150 Zeiteinheiten (ZE) ausgegangen.[21] Die Nachbarschaftslösungen B-D-C-A-E (155 ZE), D-C-B-A-E (150 ZE), D-B-A-C-E (154 ZE) und D-B-C-E-A (156 ZE) haben keinen besseren Zielfunktionswert und ohne der Möglichkeit der vorübergehenden Verschlechterung säße man an dieser Stelle bereits in einem lokalen Optimum fest, da die Anfangslösung keineswegs schon die beste Lösung ist. Es wird nun festgelegt, dass auf fünf Verfahrensstufen je fünf Iterationen durchgeführt werden sollen. Die Annahmewahrscheinlichkeit wird mit 90 Prozent vorgegeben und man erhält durch Berechnung unter Hinzuziehung von durchschnittlichen Abweichungen einen Startwert des Kontrollparameters von 0,57. Dieser wird mit einem ebenfalls festgelegten Reduktionsfaktor (Abkühlschnelligkeit) von 0,6 auf jeder Stufe gesenkt. Die Lösung des betrachteten Problems lautet C-A-D-B-E mit einer Zykluszeit von 124 ZE und kann in der folgenden Tabelle unten rechts abgelesen werden.

---

[21] Im Gegensatz zum Beispiel beim Tabu Search, bei dem mit irgend einer zulässigen Lösung begonnen wurde, kann man auch spezielle Eröffnungsverfahren zur Ermittlung einer Anfangslösung benutzen, auf die hier aber nicht weiter eingegangen werden kann.

Kontroll- Parameter	Ausgewählte Nachbarkonfiguration	Zykluszeit	Annahmewahrscheinlichkeit	Zufallszahl	Gültige Konfiguration
	D-B-C-A-E	150			D-B-C-A-E
T_0=57	D-B-C-E-A	156	0,9	0,19	D-B-C-E-A
	B-D-C-E-A	168	0,81	0,59	B-D-C-E-A
	B-C-D-E-A	167	1,00		B-C-D-E-A
	B-C-E-D-A	157	1,00		B-C-E-D-A
	B-E-C-D-A	157	1,00		B-E-C-D-A
T_1=34	E-B-C-D-A	157	1,00		E-B-C-D-A
	E-B-C-A-D	130	1,00		E-B-C-A-D
	E-B-A-C-D	130	1,00		E-B-A-C-D
	E-B-A-D-C	134	0,89	0,17	E-B-A-D-C
	E-B-D-A-C	161	0,45	0,42	E-B-A-D-C
T_2=20	E-A-B-D-C	134	0,82	0,53	E-A-B-D-C
	A-E-B-D-C	134	1,00		A-E-B-D-C
	A-E-B-C-D	130	1,00		A-E-B-C-D
	A-E-C-B-D	130	1,00		A-E-C-B-D
	A-C-E-B-D	130	1,00		A-C-E-B-D
T_3=12	A-C-B-E-D	130	1,00		A-C-B-E-D
	A-C-B-D-E	128	1,00		A-C-B-D-E
	A-C-D-B-E	124	1,00		A-C-D-B-E
	A-C-D-E-B	129	0,66	0,38	A-C-D-E-B
	A-D-C-E-B	130	0,92	0,93	A-C-D-E-B
T_4=7	C-A-D-E-B	129	1,00		C-A-D-E-B
	C-D-A-E-B	151	0,18	0,22	C-A-D-E-B
	C-A-D-B-E	**124**	**1,00**		**C-A-D-B-E**
	C-A-B-D-E	128	0,56	0,66	**C-A-D-B-E**
	C-A-D-E-B	129	0,49	0,51	**C-A-D-B-E**

Tabelle 7: Simulated Annealing-Verfahrensschritte zur exemplarischen Lösung des Flow-Shop-Problems, vgl. [ReUr99, S.324].

Die Zufallszahlen in der Tabelle dienen dazu zu entscheiden, ob bei einer Zielfunktionswertverschlechterung die entsprechende Lösung noch angenommen wird oder nicht. Dies geschieht immer dann, wenn die Zufallszahl kleiner als die Annahmewahrscheinlichkeit ist, vgl. z.b. Zeile für T_3=12. Eine ausführlichere Version des Beispiels findet sich bei Reese/Urban [ReUr99, S.322ff.].

5.3.4 Threshold Accepting (TA)

Eine Analyse der Rechenzeiten von Simulated Annealing ergibt, das vergleichsweise große Anteile für die Berechnung der Exponentialfunktion[22] sowie für das Bestimmen der Zufallszahlen verwendet werden. Das von Dueck, Scheuer und Wallmeier entwickelte Verfahren Threshold Accepting, folgt der Argumentation, dass diese Zeiten sinnvoller auf die Generierung und Beurteilung weiterer Lösungen zu verwenden seien. Es verzichtet auf solche Elemente und lässt sich als vereinfachte, deterministische Variante des Simulated Annealing interpretieren. [Wäsc98, S.1303] Ursprünglich suchte das Forschungszentrum von IBM nach einer Möglichkeit möglichst viele Bauelemente auf kleinsten integrierten Schaltungen zu platzieren (vgl. Rucksackproblem) und die Bewegungsabläufe eines Roboters, der Lötstellen auf eine Platine setzt, zu minimieren (Travelling-Salesman-Problem). [Seid00-ol, S.1]

5.3.4.1 Arbeitsweise beim TA

Der Threshold Accepting Algorithmus hat im Prinzip den gleichen Ablauf wie der Simulated Annealing Algorithmus. Ausgehend von einer Anfangslösung wird beim Simulated Annealing in jeder Iteration ungünstigere Lösungen mit einer gewissen Wahrscheinlichkeit und bessere Lösungen immer angenommen. Beim Threshold Accepting werden demgegenüber ungünstigere Konfigurationen immer dann angenommen, wenn diese einen gewissen Toleranzschwellenwert nicht überschreiten. Verbesserungen der Lösungsqualität werden immer angenommen. [Seid00-ol, S.1f.] Das abgebildete Struktogramm zeigt den formalisierten Ablauf beim Threshold Accepting.

---

[22] Die Exponentialfunktion wird der Einfachheit halber in dieser Arbeit nicht näher betrachtet, wird aber bei Reese/Urban [ReUr99] ausführlich erläutert.

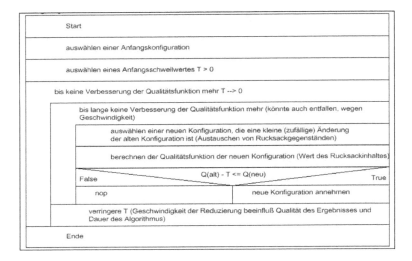

Abbildung 40: Struktogramm des Threshold Accepting, vgl.[Seid00-ol, S.1].

5.3.4.2 Beispiel

Die Anfangslösung eines fiktiven Maximierungsproblems sei Q(alt) = 13. Die Toleranzschwelle wird zunächst mit T = 2 festgelegt. In einem ersten Suchvorgang wird eine Lösung mit Q(neu) = 12 ermittelt. Der Algorithmus stellt fest, dass die neue Lösung innerhalb des durch die Ausgangslösung und Toleranzwert markierten Bereichs liegt und nimmt diese Lösung zunächst an. (Q(alt) – T ≤ Q(neu)! 13 – 2 ≤ 12) Wäre die neue Konfiguration in diesem Beispiel schlechter als 11, würde sie nicht berücksichtigt werden. Diese Vorgänge werden nun eine gewisse Anzahl von Iterationen wiederholt. Danach senkt man die Toleranzschwelle herab, um die Bandbreite für die Annahme von schlechteren Lösungen zu verkleinern. Wenn T bis auf 0 abgesenkt wurde, ist der Algorithmus beendet und die vorliegende Konfiguration im Normalfall nah am Optimum. Es muss aber beachtet werden, dass es sich um ein Näherungsverfahren handelt und das Ergebnis nicht optimal sein muss. [Seid00-ol, S.2ff.] Ein Anwendungsbeispiel aus der Praxis unter Hinzuziehung des Threshold-Algorithmus wird u.a. bei Korevaar [Kore02-ol] oder auch bei Hansmann [Hans96] dargestellt.

5.3.5 Genetische Algorithmen (GA)

5.3.5.1 Die Evolutionäre Algorithmen in der Betriebswirtschaft

Nissen stellt 1994 fest, dass Evolutionäre Algorithmen in betriebswirtschaftlichen Problemstellungen erst gering eingesetzt werden, da sie noch weitgehend unbekannt sind. Vielmehr ergänzen sie überwiegend das Methodenarsenal von Optimierungsverfahren des Operation Research. Dabei gibt er einen Überblick über bis dato praktisch eingesetzte betriebswirtschaftliche EA-Anwendungen. [Niss94, S.296ff.] Dies sind Genetische Algorithmen, Evolutionsstrategien und Evolutionäre Programmierung. Wir beschränken uns in dieser Arbeit auf die Genetischen Algorithmen.

Diese GA sind neben den neuronalen Netzen eine weitere Gruppe von naturanalogen Verfahren und orientieren sich an den Theorien von C. Darwin und G. Mendel. Die daraus hervorgegangene moderne Evolutionstheorie wurde von J. Holland benutzt, um die Genetischen Algorithmen als Verfahren zur Suche nach guten Problemlösungen für mathematische Modelle zu entwickeln. [JoSe98, S.239ff.]

5.3.5.2 Termini technici

Wie auch bei anderen Vorgehensweisen sollen zunächst an dieser Stelle einige Fachbegriffe erläutert werden, die dem besseren Verständnis der weiteren Ausführungen dienen sollen. *„Diese Termini technici sind aus der Biologie übernommen und in ihrer Bedeutung auf Genetische Algorithmen adaptiert worden."* [JoSe98, S.241] In einer Iteration eines GA wird eine Anzahl von **Individuen** betrachtet. Die Gesamtheit dieser Individuen zu einem Zeitpunkt bezeichnet man als **Population**, ein Individuum wird auch als Genotyp, Struktur, String oder potentielle Lösung bezeichnet. Ein Individuum besitzt im Gegensatz zur Natur genau ein **Chromosom.** Die Chromosomen bestehen aus **Genen,** deren Werte binär sind, d.h. entweder den Wert „1" oder den Wert „0" annehmen kann. [JoSe98, S.241f.] Die Lösungen eines Optimierungsproblems werden als Phänotypen bezeichnet. [GEK98, S.450]

5.3.5.3 Arbeitsweise genetischer Algorithmen

Zunächst wird eine Population von n Genotypen (Individuen) erzeugt. Im Rahmen der Selektion werden die Genotypen dekodiert und mit der Zielfunktion evaluiert.

Handelt es sich bei dem Problem beispielsweise um ein Minimierungsproblem, haben die Phänotypen mit den geringsten Zielfunktionswerten die größte Fitness. Anhand dieser Fitness werden für die Rekombination Paare von Individuen ausgewählt. Durch das Crossover werden die Erbinformationen zwischen zwei Individuen ausgetauscht und durch Mutation werden Werte der Genotypen zufällig verändert. Ein Reproduktionsmodell legt dann beispielsweise fest, ob die nächste Generation (Nachkommen, Nachbarschaftslösungen [ReUr99, S.320]) nur aus Kindern oder auch aus Kindern und Eltern besteht. Gemäß dem Prinzip „survival of the fittest" werden die bislang besten Lösungen bevorzugt. Mit Hilfe dieser Operatoren Crossover, Mutation, Selektion und Reproduktion, weden so lange neue Generationen erzeugt, bis eine Lösung ausreichender Qualität gefunden wurde, eine vorgegebene Anzahl von Generationen durchlaufen ist oder in einer bestimmten Anzahl von Generationen keine bessere Lösung gefunden wurde (vgl. Abbildung 37). [GEK98]

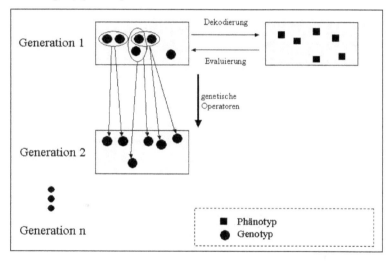

Abbildung 41: Arbeitsweise von Genetischen Algorithmen, in Anlehnung an [GEK98, S.450].

In der Praxis ist es angeraten, die jeweils beste bekannte Lösung abzuspeichern, da nicht garantiert werden kann, dass diese in der letzten Population enthalten ist. Darüber hinaus kann die Durchführung eines lokalen Suchverfahrens nach Abbruch des Genetischen Algorithmus sinnvoll sein. [JoSe98, S.252] Die Vorgehensweise eines GA wird hier nur sehr knapp dargestellt. Ein Beispiel zum besse-

ren Verständnis würde jedoch den Rahmen sprengen, so dass an dieser Stelle auf
das ausführliche Beispiel von Joereßen/Sebastian [JoSe98, S.245ff.] verwiesen
sei, dass sich in der mathematischen Formulierung an das bereits geschilderte
Knapsack-Problem anlehnt.

5.3.5.4 Anwendungsgebiete der Genetischen Algorithmen

Genetische Algorithmen werden in der Praxis vor allem zur Losgrößenoptimie-
rung, zur Maschinenbelegungsplanung und zur Erstellung von Tourenplänen eingesetzt. [GEK98, S.454] Klein verweist in diesem Zusammenhang auf die Anwendung GA zur Lösung von kombinatorischen Optimierungsproblemen, wie sie
bei der Produktionsplanung oder der Distributions- und Transportplanung auftreten. [Klei00a, S.345]

5.4 Künstliche Intelligenz – Konnektionismus

Die Künstliche Intelligenz entwickelte sich aus dem Bestreben, Aufgaben die bei
Spielen (zum Beispiel Schach) vorkommen, oder das Führen von mathematischen
Beweisen, von Maschinen (Computern) ausführen zu lassen. Die Nachbildung
intelligenter Fähigkeiten von Menschen führte so dazu, dass man Problemlöser für
Spiele entwickelte und implementierte, dass man Theorembeweiser konstruierte
und dass man schließlich versuchte, allgemeine Problemlöser zu entwickeln. [Jo-
Se98, S.35] Im Rahmen der Künstlichen Intelligenz beschäftigt sich diese Arbeit
mit den Künstlichen Neuronalen Netzen und den Multiagentensystemen.

5.4.1 Künstliche Neuronale Netze

5.4.1.1 Einführung und Definition

Künstliche Neuronale Netze (KNN) sind, nach dem man die Anfänge dieser Entwicklung in den 50er Jahren sieht, seit der zweiten Hälfte der 80er Jahre wieder in
den Fokus der Forschung gelangt. [RePo92, S.50] Sie gehören neben der Genetischen Algorithmen zu den sogenannten naturanalogen Verfahren, in denen biolo-
gischen Prinzipien für die Lösung von Problemen angewendet werden. [Saue02-
ol, S.53]

Das Themengebiet der Künstlichen Intelligenz und damit auch der Künstlichen
Neuronalen Netze ist sehr komplex und für Außenstehende nur schwer zu erfas-

sen. Die folgenden Ausführungen zu KNN können daher auch nur einen Einblick in den Aufbau und die Arbeitsweise geben. Vertiefende und ausführlichere Darstellungen lassen sich bei den angegebenen Literaturhinweisen finden.[23]

Vereinfacht ausgedrückt wird bei KNN versucht die Denk- und Lernprozesse des Menschen und damit die Verarbeitung und Erzeugung von Informationen in formalisierter Form auf Rechnern abzuwickeln. [Bran97, S.3] Die Bemühungen zielen darauf ab, einem KNN beizubringen, Problemmuster zu erkennen und in Abhängigkeit davon eine adäquate Steuerungsstrategie zu wählen. [ScMe00, S.60]

Eine natürliche Nervenzelle (vgl. Abbildung 42) empfängt – stark vereinfacht ausgedrückt - von anderen mit ihr verbundenen Nervenzellen Signale, die von den Synapsen abgeschwächt oder verstärkt werden. Die Summe dieser Signale wird als Ganzes über das Axon an wiederum andere Nervenzellen weitergegeben. [RePo92, S.51]

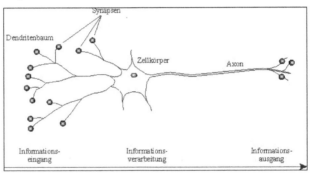

Abbildung 42: Natürliches Neuron, vgl. [Fors02-ol].

"Neuronale Netze sind lernfähige, informationsverarbeitende Systeme, die aus einer großen Anzahl einfacher Einheiten (Zellen, Neuronen) bestehen und Informationen durch die Aktivierung der Neuronen über gerichtete Verbindungen austauschen. Künstliche neuronale Netze sind eine starke Abstraktion grundlegender Vorgänge des menschlichen Nervensystems." [Fors02-ol] D.h. man orientiert sich bzgl. einer Weitergabe von Informationen an den Aufbau natürlicher Nervenzellen. Ein künstliches Neuron (vgl. Abbildung 43) besteht ebenfalls aus mehreren Verbindungen (X_i), über die es verschieden gewichtete Eingabewerte (W_i) erhält,

---

[23] Eine systematische und ausführliche Einführung in die Theorie der neuronalen Netze gibt darüber hinaus auch Rojas [Roja93].

einer Aktivierungsfunktion (a), einer Transferfunktion y und einer Verbindung als Ausgabekanal. [StWi93, S.450]

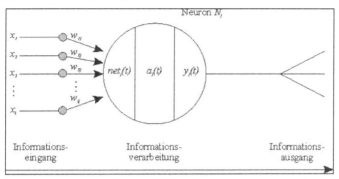

Abbildung 43: Künstliches Neuron, vgl. [Fors02-ol].

Das Netz als solches folgt streng dem EVA-Prinzip (Eingabe-Verarbeitung-Ausgabe) der Informatik. Man spricht in diesem Zusammenhang auch von Eingangsschicht, Layer (Verarbeitungsschicht) und Ausgabeschicht. Die Struktur eines Neuronalen Netzes lässt sich anhand der Anzahl der Bearbeitungsschichten in einschichtige (mit nur einem Layer) und mehrschichtige Netze (mit zwei und mehr Layern) unterscheiden. [Heue97, S.14] Eine weitere Differenzierung kann dahingehend erfolgen, ob in dem Netz Rückkoppelungen zugelassen sind oder nicht. Ohne Rückkoppelung kann ein Layer die ihm vorgelagerten Layer nicht beeinflussen, d.h. die Bearbeitungsschritte sind gleich der Anzahl der Layer. Ist es einzelnen Neuronen erlaubt, Neuronen des eigenen Layers oder eines vorhergehenden Layers zu beeinflussen, so wird von rückgekoppelten Netzen gesprochen. [Heue97, S.98]

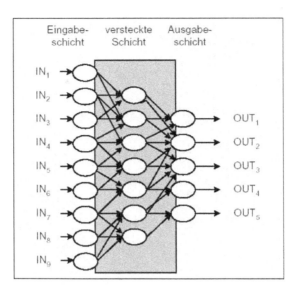

Abbildung 44: Beispiel eines neuronalen Netzes, vgl. [Saue02-ol, S.53].

5.4.1.2 Arbeitsweise

Ein Neuronales Netz besteht aus einer Menge Knoten, den sogenannten Neuronen, die auf unterschiedliche Art miteinander verbunden sein können. [Saue02-ol, S.53] Neuronen stellen dabei einfache Verarbeitungseinheiten dar, die unabhängig voneinander parallel arbeiten und folgende Eigenschaften aufweisen [Lohr94, S.9f.]:

- Sie besitzen mehrere Eingangsleitungen und generieren ein Signal für mehrere Ausgangsleitungen,

- ein Neuron kann nur einen Erregungs- (aktiv) oder einen Ruhezustand (inaktiv) annehmen,

- ein Neuron kann mehrere Signale empfangen und nur ein Signal erzeugen, das kopiert und an andere Neuronen abgegeben wird,

- eine Ausgangsleitung ist aktiv, sobald ihr Input, den sie von anderen vorgelagerten Zellen über die Synapse erhält, einen bestimmten Schwellenwert übersteigt. Die Aktivitäten aller Eingangsleitungen zusammengenommen codieren daher die Eingangsinformation als ein Muster und

- ein Neuron arbeitet i.d.R. selbständig, d.h. es gibt keinen externen Kontroll- oder Steuerungsmechanismus.

Für die Informationsverarbeitung, die in einem neuronalen Netz stattfindet, sind zwei Phasen zu unterscheiden, nämlich die Trainings- und die Anwendungsphase. [JoSe98, S.219]; [AHW95, S.508] Die Trainingsphase dient dazu dem Neuronalen Netz beizubringen, aus Eingabedaten (Trainingsdatensätze) die entsprechenden Ausgabedaten zu erzeugen. Dieses „Lernen" geschieht wesentlich durch Einstellen der Verbindungsgewichte an den Verbindungen zwischen den Neuronen verschiedener Schichten und wird durch eine Lernregel gesteuert. Beispielsweise kann man einem Neuronalen Netz das prognostizierte Passagieraufkommen und die dazugehörigen Realdaten aus der Vergangenheit präsentieren. Das Netz wird dadurch trainiert und ist in der Lage in der Anwendungsphase aus den bekannten Daten die unbekannten Ausgabedaten zu erzeugen. D.h. das KNN kann aufgrund der Vergangenheitswerte auf den zu bestimmenden Wert in der Zukunft schließen. [JoSe98, S.220] Ein weiteres ausführliches und gut nachvollziehbares Beispiel zeigen Steiner/Wittkemper. [StWi93, S.452ff.]

5.4.1.3 Betriebswirtschaftliche Anwendungsmöglichkeiten

Lohrbach klassifiziert die betrieblichen Aufgabenstellungen in die vier Blöcke Prüfung und Beurteilung, Prognose, Optimierung sowie Steuerung und Regelung. [Lohr94, S.75] Der Schwerpunkt von KNN-Anwendungen für Optimierungsaufgaben liegt dabei im Bereich des Travelling-Salesman-Problems. Daneben gibt es auch Ansätze KNN bei der Tourenplanung, der Personaleinsatzplanung und der Maschinenbelegungsplanung anzuwenden.[24] [Lohr94, S.83ff.] Die Nutzung Neuronaler Netze in der Materialwirtschaft wird von Mack erläutert. Diese Arbeit kann auch gut zur Vertiefung des Wissens über die Arbeitsweise von Neuronalen Netzen herangezogen werden. [Mack02]

5.4.2 Multiagentensysteme (MAS)

Multiagentensysteme gelten als ein spezifischer Ansatz für das verteilte Problemlösen im Rahmen der Verteilten Künstlichen Intelligenz. Die Grundidee dabei ist die Aufteilung einer Aufgabe auf mehrere Aufgabenträger, so dass Kooperations-

---

[24] Auf diese Einsatzbereiche von KNN ist auch Heuer fokussiert, vgl. [Heue97]. Rehkugler/Kerling sehen u.a. die Bereiche Logistik, Tourenplanung und Maschinenbelegungsplanung als mögliche Anwendungsgebiete von KNN. [ReKe95, S.313f.].

vorteile realisiert werden können. Zum einen lassen sich Probleme durch einen Verbund von Aufgabenträgern schneller lösen als durch ein einzelnes System. Zum anderen ist ein Verbund von Aufgabenträgern in der Lage komplexe Probleme zu lösen, an denen ein einzelnes System scheitern würde. Das verteilte Problemlösen geschieht in folgenden Schritten:

1. Problemzerlegung

2. Verteilung von Teilproblemen

3. Lösung der Teilprobleme

4. Synthese der Teilergebnisse zu einem Gesamtergebnis. [CoGö98, S.428]

Die folgenden Ausführungen können das Thema nicht abschließend behandeln, sondern geben lediglich einen Einstieg in die Problematik. Zur Vertiefung sei neben den angegebenen Literaturquellen auch auf Murch/Johnson [MuJo00], Klügl [Klüg01] und auf die Internetseite des Projekts „CoagenS [CoAg02-ol] verwiesen.

5.4.2.1 Begriffsdefinition

Bevor die Arbeitsweise eines Multiagentensystems erläutert wird, sollen zunächst einige wichtige Begriffe aus dem Umfeld des MAS definiert werden.

Ein Softwareagent ist ein Computerprogramm, welches autonom und zielgerichtet im Namen einer Person oder Organisation (Autorität-Authority) arbeitet. Ein Agent hat ein eigenes Ausführungsprofil und kann während seines Lebenszyklusses Aufgaben auf eigene Initiative und in Kooperation mit anderen Agenten ausführen. Ein Agent hat eine Eigenschaft, die festlegt, wer zu seiner Benutzung autorisiert ist. Eine wesentliche Eigenschaft von Agenten kann Mobilität sein. [HoRe02-ol, S.3]

Weitere Eigenschaften sind somit aber auch Autonomie (individuelle Problemlösungsfähigkeit) und Rationalität (Verhaltensorientierung durch Bewertungsfunktion). [CoGö98a, S.176] Diese Agenten werden auch als Problemlösungseinheit bezeichnet. Abbildung 45 zeigt einen grundsätzlichen Aufbau eines maschinellen Agenten, der sich durch den Kommunikationsprozessor, einer lokalen Wissensbasis und dem Problemlösungsprozessor beschreiben lässt. [CoGö98, S.428]

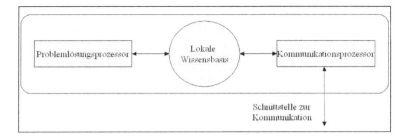

Abbildung 45: Aufbau eines maschinellen Agenten, vgl. [CoGö98b, S.428].

Es lassen sich Operator- und Koordinationsagenten unterscheiden. Operatoragenten sind für speziell ihnen zugeordnete Problemobjekte verantwortlich und sollen in Kooperation oder Konkurrenz mit anderen Operatoragenten ein Problem gemeinsam lösen. Ein Koordinationsagent wird als übergeordnete Instanz implementiert und unterstützt die Operationsagenten koordinierend. [CoGö98a, S.178]

Ein Softwareagentensystem ist eine Plattform, die Agenten erzeugen, interpretieren, ausführen, übertragen, terminieren und Verbindungen zwischen Autoritäten und Agenten sowie zwischen Agenten herstellen kann. Jedes Agentensystem hat zu jedem Zeitpunkt einen Namensraum. Dieser wird durch die Agenten (Agentensysteme), mit denen das System kommunizieren kann, gebildet. [HoRe02-ol, S.3]

Die koordinierte und zielgerichtete Interaktion zwischen den Agenten stellt in so einem Multiagentensystem die Lösung eines Problems sicher. Auch die Systemarchitektur eines Multiagentensystems kann man in zwei Formen, den Blackboardsystemen und den Kontraktnetzsystemen, unterscheiden. [CoGö98a, S.178]

5.4.2.2 Systemarchitekturen und ihre Arbeitsweisen

5.4.2.2.1 Blackboardsysteme

Blackboardsysteme werden durch eine zentrale Agenda (dem Blackboard) charakterisiert, die der Koordination des Zusammenwirkens der Agenten dient. Das Blackboard gewährleistet, dass die Informationen für alle Agenten verständlich dargestellt werden. Diese Informationen umfassen die Anfangsaufgabe, abgeleitete Teilaufgaben, Zuordnung von Aufgaben zu den Agenten und die Zwischenergebnisse der Agenten. Die Aktualisierung der Informationen wird dabei von den Agenten selbst durchgeführt. [CoGö98b, S.430] Ein zu lösendes Problem wird auf dem Blackboard dargestellt und in mehrere Ebenen abstrahiert. Die Agenten bewerben sich nun je nach Kompetenz um eine Teilaufgabe, wobei konkurrierende Agenten anhand eines Steuerungsmechanismus eindeutig zugeordnet werden. Nach erfolgter Bearbeitung durch den Agenten wird das Ergebnis und eventuell neu entstandene Teilprobleme auf das „schwarze Brett" abgelegt. Dieser Vorgang wird so oft wiederholt, bis das Problem gelöst ist. [CoGö98a, S.179]

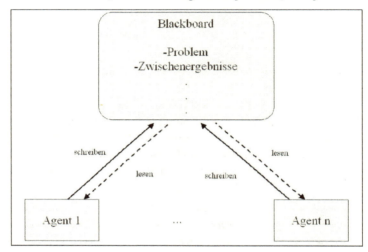

Abbildung 46: Blackboardarchitektur, vgl. [CoGö98b, S.430].

5.4.2.2.2 Kontraktnetzsysteme

Kontraktnetzsystem bestehen aus einer Anzahl von Agenten, die über Kommunikationskanäle, die der Sicherung der Verfügbarkeit aller für den Transport von Nachrichten erforderlichen Funktionalitäten dienen, unter Verwendung einer gemeinsamen Sprache miteinander kommunizieren (verhandeln) können, um Kontrakte bezüglich angebotener und nachgefragter Leistungen zur Bearbeitung eines (Teil-)Problems zu schließen. [CoGö98a, S.179]

Diese Technik beruht somit auf dem Konzept des Marktes und operiert mit Nachfrage- und Angebotsprotokollen. [Ferb01, S.106] Das Kontraktnetzsystem orientiert sich dabei an dem Protokoll für das Schließen von Verträgen auf einem Markt. Die Beziehung zwischen Client (Manager) und Anbieteragenten (Bietern) beruht auf einem Aufruf zur Abgabe von Angeboten. Diese Vorschläge von den Bieteragenten werden dann bewertet. Es folgt somit ein Ausschreibungsverfahren in vier Schritten (vgl. dazu Abbildung 47).

1. Der Manager sendet eine Beschreibung der Aufgabe an alle ihm geeignet erscheinenden oder verfügbaren Agenten.

2. Die Bieteragenten prüfen die Aufgabenbeschreibung und erzeugen ggf. ein Angebot, das sie an den Manager zurücksenden.

3. Der Manager bewertet die abgegebenen Angebote und schließt den Kontrakt mit dem Bieter, der das beste Angebot vorgelegt hat.

4. Der Bieter bestätigt dem Manager, dass er die Bearbeitung der Aufgabe angehen wird oder dass er nicht mehr für die Aufgabe zur Verfügung steht. Im letzteren Fall muss der Manager eine neue Aufgabenzuweisung durchführen. [Ferb01, S.389f.]

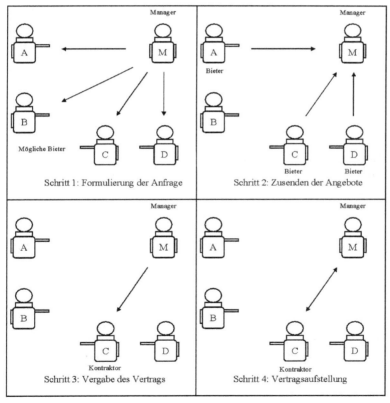

Abbildung 47: Die vier Schritte des Kontraktnetzverfahrens, in Anlehnung an [Ferb01, S.389].

Ein Agent eines Kontraktnetzverfahrens muss aufgrund dieser Vorgehensweise auf eine Wissensbasis zurückgreifen können, die ihm den aktuellen Stand von Kooperationsverhandlungen und des Problemlösungsprozesses mitteilt. Darüber hinaus benötigt er koordinierende Komponenten, die zum einen aktuelle Ausschreibungen verfolgt, Verträge abschließt und deren Einhaltung überprüft, sowie mit der eigentlichen Durchführung beauftragt wird (vgl. Abbildung 48). [Krüt01-ol, S.60]

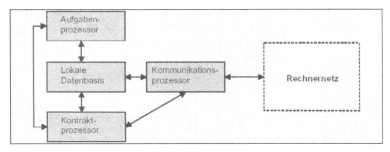

Abbildung 48: Aufbau eines Kontraktnetz-Agenten, vgl. [Krüt01-ol, S.61].

5.4.2.3 Das „Flavor-Paint-Shop"-System

Ein sehr einfaches Beispiel aus der Praxis soll die Arbeitsweise eines Multiagentensystems etwas verdeutlichen. Es beschäftigt sich mit dem industriellen Prozess der Lackierung von LKWs. Nachdem die LKWs in der Fließbandmontage hergestellt wurden, galt es diese den Kundenwünschen entsprechend zu lackieren. Das Problem bestand nun darin, dass weniger Lackierstationen vorhanden waren als Farbtöne. Es war somit von Zeit zu Zeit nötig die Farben einer Station auszutauschen, was zum einen lange dauerte und zum anderen viel Farbe verbrauchte. Das alte System beruhte auf eine detaillierte Planung, die im Falle einer Störung jedoch zu unflexibel reagierte. Mit der Einführung des Multiagentensystems wurde jede Lackierstation durch einen Agenten repräsentiert. Ist eine Station frei, lässt sie einen neuen LKW aus der regelmäßig ca. 100 Fahrzeuge umfassenden Warteschlange einfahren. Die Auswahl wurde anhand folgender Regeln getroffen.

1. Nimm den ersten LKW aus der Warteschlange, der die gerade eingesetzte Farbe braucht.

2. Falls kein LKW diese Farbe benötigt, nimm den LKW mit der höchsten Priorität und wechsle zur benötigten Farbe.

3. Falls kein LKW Priorität hat, nimm den nächsten aus der Warteschlange und wechsle zur benötigten Farbe.

Auch wenn dieses Vorgehen trivial erscheint, so konnte die Anzahl der Farbwechsel im Gegensatz zum alten System halbiert werden. Die Einsparungen betragen mehr als eine Million Dollar pro Jahr. Darüber hinaus stellt der Ausfall einer Station keine Probleme dar, da keine langfristige Planung vorgenommen werden muss und das System flexibel auf Störungen reagieren kann. [Ferb01, S.54]

5.4.2.4 Anwendungsmöglichkeiten von Multiagentensystemen

Multiagentensysteme werden zunehmend für unterschiedliche betriebswirtschaftliche Fragestellungen eingesetzt, wobei die folgende Aufzählung keinen Anspruch auf Vollständigkeit erhebt.

- Produktionsplanung und -steuerung mit Schwerpunkt Maschinenbelegung

- Logistik

- Variantenmanagement bei alternativen Produkteigenschaften

- Qualitätsverbesserungen von Allfinanzprodukten unter Berücksichtigung individueller Lösungen

- Simultaneous Engineering

- Bereichsübergreifende Geschäftsprozesse

Die aufgezählten Anwendungsmöglichkeiten sind Corsten/Gössiner [CoGö98b, S.439f.] entnommen. Dort sind auch weiterführende Angaben und Literaturquellen zu den einzelnen Punkten zu finden.

6 Klassifizierung

6.1 Das Wesen der Klassifikation

Nachdem bis hierher ein Überblick über Optimierungsverfahren in Supply Chain Management-Systemen und deren grundlegende Vorgehensweisen aufgezeigt wurde, soll an dieser Stelle eine Klassifizierung der erwähnten Verfahren und Methoden erarbeitet werden. Eine Klassifizierung dient zunächst einmal dem Ziel, beschreibende Aussagen zu einem Betrachtungsgegenstand zu systematisieren, um einen Beschreibungszusammenhang zu konzipieren. Von einer Klassifizierung wird gesprochen, wenn Dinge oder Begriffe so eingeteilt bzw. gruppiert werden, dass alle Dinge oder Begriffe, die zu einer Klasse zusammengefasst werden, ein gleiches Merkmal besitzen und als Element der Klasse als gleichartig aufgefasst werden. Man spricht daher immer dann von einer Klassifikation, wenn das jeweilige Klassifikationsmerkmal nur eine Ja-Nein-, bzw. 0-1-Abstufung zulässt. [Schw96, S.1647]

6.2 Klassifikation von Optimierungsverfahren in der Literatur

6.2.1 Klassifikation in exakte und heuristische Verfahren

Bereits in Kapitel 5 wurde eine Klassifizierung von Reese/Urban angeführt, die die Optimierungsverfahren in exakte und heuristische Verfahren einteilt und an der sich die Beschreibung der Optimierungsverfahren in dieser Arbeit orientiert. Diese Differenzierung ist die am häufigst anzutreffende und wohl auch naheliegendste Methode. An dieser Stelle muss jedoch darauf hingewiesen werden, das diese und auch die folgenden Klassifizierungen mögliche Kombinationen aus den verschiedenen Vorgehensweisen vernachlässigen. [ReUr99, S.319] Darüber hinaus lässt diese Klassifikation unvollständig exakte Verfahren, wie z.B. den abgebrochenen Branch-and-Bound-Algorithmus, außer acht, die an anderen Stellen in die Klassifikation aufgenommen wurden. Diese Möglichkeiten der Optimierung lassen sich aber in der Regel auch den exakten oder den heuristischen Verfahren zuordnen. [ReUr99, S.319]

6.2.2 Der Baum der Optimierung

Das Themengebiet des Operations Research ist sehr komplex, umfasst es doch neben den in dieser Arbeit vorgestellten Optimierungsproblemen, noch andere Bereiche. *„Eine gute Übersicht über die verschiedenen Teilgebiete bietet der „Optimization Tree".* [BiSu98, S.158] Dieser Baum gliedert die Möglichkeiten in Methoden der kontinuierlichen und der diskreten Optimierung. Das Gebiet der kontinuierlichen Optimierung lässt sich dabei weiterhin in unbeschränkte und beschränkte Methoden differenzieren (vgl. Abbildung 49). Eine explizite Klassifizierung der Optimierungsverfahren bietet er im Grunde nicht, denn der Bereich des Stochastic Programming wird in der Abbildung zwei übergeordneten Bereichen zugeordnet und verstößt daher gegen die Bedingung der eindeutigen Zuordnung. Der Baum der Optimierung kann aber in der oft verwirrenden Begriffswelt des Operations Research hilfreich sein, den Überblick nicht zu verlieren.

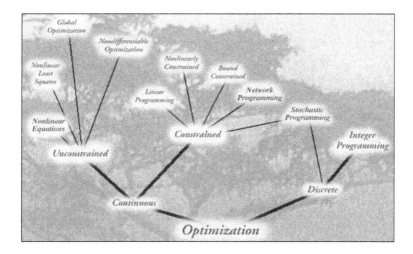

Abbildung 49: The Optimization Tree, vgl. [NEOS02-ol].

6.2.3 Klassifizierung nach Lösungsgüte

Die von Kruschwitz/Fischer erarbeitete Klassifizierung fokussiert die Betrachtung auf die von den Optimierungsverfahren ermittelten Lösungen. Zunächst werden die Verfahren dahingehend differenziert, ob sie potentielle Lösungen von vornherein vernachlässigen oder nicht. Dies geschieht nur dann nicht, wenn es sich um ein Verfahren der vollständigen Enumeration handelt, was wiederum zu einem enormen Rechenaufwand führen kann, der in der Realität oft in angemessener Zeit nicht zu realisieren ist. Die Vernachlässigung potentieller Lösungen kann unbegründet oder begründet geschehen. Im Falle der begründeten Vernachlässigung unterscheidet man wiederum in solche ohne Konvergenzbeweis und solche mit Konvergenzbeweis. Lösungsverfahren ohne Konvergenzbeweis werden mit den Heuristiken gleichgesetzt, d.h. sie können den Nachweis nicht erbringen, dass es sich bei ihren Ergebnissen um optimale Lösungen handelt. In Kapitel 5.3 wurde schon explizit darauf hingewiesen, dass es sich immer nur um angenäherte Lösungen handelt. Lösungsverfahren mit Konvergenzbeweis hingegen haben die Eigenschaft in endlichen Schritten zu der optimalen Lösung zu kommen. Hierbei handelt es sich um die in Kapitel 5.2 erläuterten exakten Verfahren. Weiterhin greifen Kruschwitz/Fischer auf Lösungsverfahren hin, die zwar mit Konvergenzbeweis zu einer Lösung kommen, dieser aber in gewisser Weise von der Optimallösung abweichen und sich dieser nur annähern. [KrFi81, S.452]

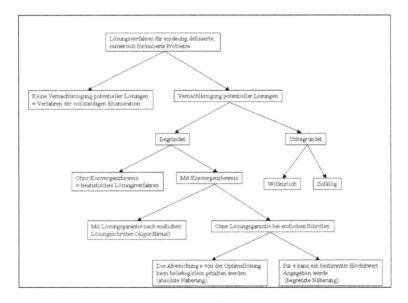

Abbildung 50: Klassifizierung von Lösungsverfahren, in Anlehnung an [KrFi81, S.452].

6.2.4 Klassifizierung nach Art der Variablen und Constraints

Das Unternehmen ILOG geht in der Veröffentlichung "ILOG Optimization Suite" [Ilog02-ol] im Unterschied zu anderen Anbietern relativ ausführlich auf die einge-setzten Instrumente bei der Optimierung ein. Darüber hinaus nimmt das Unter-nehmen eine in der Abbildung 51 dargestellte Klassifizierung der Optimierungs-verfahren vor. Mit Hilfe des Diagramms soll die beste Lösungsstrategie für jedes Anwendungsproblem ermittelt werden können. Die Optimierung des Einsatzes von Ressourcen in einem Unternehmen und der dabei zu nutzenden Optimie-rungsverfahren hängt demnach von der Art der Variablen und der Constraints ab. Mischungsprobleme aus dem Bereich der Petrochemie sind Lineare Optimie-rungsprobleme und können demnach in den linken unteren Bereich platziert wer-den. Kann beispielsweise ein petrochemisches Mischungsproblem als ein Lineares Optimierungsproblem modelliert werden, so kommt als Optimierungsverfahren die Lineare Programmierung in Betracht, während Probleme aus dem Bereich der Feinplanung beispielsweise aufgrund dem Vorhandensein logischer Constraints und ganzzahliger Variablen mit Techniken des Contraints Programming gelöst werden sollten. [Ilog02-ol, S.24f.]

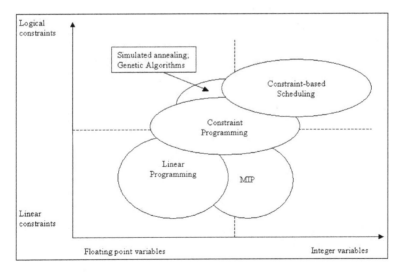

Abbildung 51: Klassifizierung nach ILOG, in Anlehnung an [Ilog02-ol, S.25].

6.3 Typisierung der Optimierungsverfahren

„Don't invest in an APS system until you really understand the nature and power of its optimization engine"[25] Für den Betroffenen ist dies eine nachvollziehbare Empfehlung, jedoch werden trotz solcher Aufforderungen die Optimierungsmethoden und –modelle oft geheimnisvoll behandelt. Vielfach stehen bei den Anbietern leerformelhafte Aussagen im Vordergrund, die darauf hinweisen, dass man Optimierungsmethoden, intelligente, hochperformante oder auch state-of-the-art-Methoden zur Problemlösung einsetze. Die in der entscheidungsorientierten Betriebwirtschaftslehre und dem Operations Research übliche Fachterminologie wird in Verbindung mit APS-Systemen eher selten verwendet. [Zäpf01, S.145]

Aus strategischer Sicht sollte die Auswahl von SCM-Systemen anhand des Unternehmensziels, der Unternehmensphilosophie, den gewünschten funktionalen Schwerpunkten und den spezifischen Restriktionen von Branche, Unternehmensgröße sowie Zeit- und Kostenrahmen erfolgen werden. [FKO99, S.10] Es stellt sich nun die Frage wie eine Entscheidung für ein Optimierungstool gefällt werden kann, wenn in vielen Fällen keine ausführlichen Aussagen zu den angewandten Optimierungsverfahren gemacht werden.

Interessant ist an dieser Stelle, ob man die hier vorgestellten Verfahren zumindest annähernd hinsichtlich verschiedener betriebswirtschaftlicher Problemstellungen gruppieren kann. Im Laufe der Literaturrecherche zu dieser Arbeit ist aufgefallen, dass durchaus Schwerpunkte erkennbar sind. Eine Klassifizierung von Optimierungsverfahren anhand betrieblicher Anwendungsmöglichkeiten scheitert dann zwar an der Voraussetzung der eindeutigen Zuordnung, eine Typisierung erscheint aber möglich. *„Während bei einer Klassifizierung die Klassengrenzen stets starr sind, sind sie bei der Typisierung stets fließend."* [Schw96, S.1648] Es wurde daher der Versuch unternommen, anhand von Literaturquellen, betriebswirtschaftlichen Problemstellungen schwerpunktartig die vorgestellten Optimierungsverfahren zuzuordnen.

Die zeilenweise Aufteilung der Tabelle erfolgte analog zur Supply Chain Planning-Matrix von Meyr/Wagner/Rohde (vgl. Kapitel 3.3). Um die Übersichtlichkeit der Abbildung zu wahren, wurden die in dieser Arbeit vorgestellten Optimierungsverfahren unter die Oberbegriffe Mathematische Programmierung (Lineare, Ganzzahlige, Gemischt-Ganzzahlige, Nichtlineare Programmierung), Constraint Programming, Heuristiken (Tabu Search, Simulated Anneleaing, Threshold Accepting, Genetische Algorithmen) und Künstliche Intelligenz (Künstlich Neurona-

---

[25] Zitiert nach Sekundärliteratur [Zäpf01, S.145].

le Netze, Multiagentensysteme) zusammengefasst. Die Angaben in den Zellen verweisen auf Textstellen, in denen die Autoren auf die Anwendung der jeweiligen Optimierungsmethode hinweisen. Werden keine Seitenzahlen genannt, handelt es sich zumeist um Artikel, die sich ausschließlich mit der Anwendung des betrachteten Optimierungsverfahrens bei dem zugeordneten Planungsproblem befassen.

		Mathematische Programmierung	Constraint Programming	Heuristiken	Künstliche Intelligenz
Langfristige Planung	Strategic Network Planning	[Zäpf01, S.14] [Temp99, S.70] [Goet00 S.80] [Shap01, S.133] [BoCl96, S.561] [Berg99]			
Mittelfristige Planung	Master Planning	[RoWa00, S.124] [Temp01, S.4] [Stadt00, S.333] [BoCl96, S.561] [Zäpf01, S.15]			
	Demand Planning	Prognoseverfahren, vgl. Kapitel 4.2			[Brau91, S.255] [JoSc98, S.218] [Mack02, S.88] [ReKe95]
Kurzfristige Planung	Production Planning	[JoSc98, S.117] [Wäsc87, S.279] [EBL98, S.15] [HeRe98, S.70] [Temp01, S.106] [StF96, S.99]	[Berg99] [Schm99, S.134]	[Pesc98, S.363] [ReKr99, S.322] [Schm99, S.134] [Niss99, S.295] [GEK, S.454] [KuRo95] [Zäpf01, S.16]	[Heue97, S.263] [Mack02, S.88] [Schu98, S.211] [CoGö98b, S.175] [Kreb02, S.125] [Weig94]
	Scheduling	[JoSc98, S.124]	[Klei00, S.353] [Zäpf01, S.16]	[Temp99, S.71] [Sied94] [KuRo95]	[Lohr94, S.241] [Sied94] [Brau97]
	Distribution Planning		[Alic99-ol, S.1]	[BuKö00, S.101] [Klei00, S.353]	[DPR01] [Heue97, S.197] [Lohr94, S.83] [StWi93, S.460]
	Transport Planning	[EBL98, S.75]	[Klei00, S.353]	[Wäsc98] [SDK98a] [JoSc98, S.241] [Niss99, S.295] [GEK98, S.454]	[CoGö98b, S.439] [Roja93, S.333] [Lohr94, S.83] [ReKe95, S.315]

Abbildung 52: Einsatz von Optimierungsverfahren unter betriebswirtschaftlichen Gesichtspunkten (Autorenhinweise).

Im Bereich des Demand Planning, bzw. des Absatzes, kommen hauptsächlich Prognoseverfahren zum Einsatz, die nicht Gegenstand dieser Arbeit waren und auf die im Kapitel 4.2 kurz eingegangen wurde. Dieses Planungsgebiet bleibt daher von der weiteren Betrachtung ausgeschlossen. Einige Autoren weisen jedoch auf die Anwendung der Neuronalen Netze zur Prognose von Bedarfen hin.[26]

Beim Blick auf die Tabelle fällt auf, dass die Verfahren der Mathematischen Programmierung hauptsächlich zu langfristigen und mittelfristigen Optimierungsproblemen herangezogen wurden. Darüber hinaus kann als weiteres Schwerpunktgebiet die Produktionsplanung betrachtet werden. Demgegenüber kamen Constraint Programming, die Heuristiken und die Verfahren der Künstlichen Intelligenz fast ausnahmslos im Bereich der kurzfristigen Planung zur Anwendung. Diese Tendenz erscheint nachvollziehbar, wurde doch bei der Untersuchung der unexakten Verfahren darauf hingewiesen, dass diese sich einer optimalen Lösung zwar nur annähern, dafür aber bei der Berechnung weniger Zeit in Anspruch nehmen und so bei Störungen im Produktionsablauf zur schnellen Entscheidungsunterstützung beitragen können. Die Hinzuziehung von exakten Optimierungsverfahren im Bereich der lang- und mittelfristigen Planung macht deshalb Sinn, weil die Entscheidungen zur strategischen und taktischen Ausrichtung der betriebswirtschaftlichen Abläufe zu einem späteren Zeitpunkt nur schwer rückgängig gemacht werden können.

Der Autor geht daher mit Zäpfel konform, der auf die Anwendung der Linearen und Gemischt-Ganzzahligen Programmierung im Bereich der lang- und mittelfristigen Planung, sowie der Heuristiken bei der kurzfristigen Planung hinweist. [Zäpf01, S.14ff.] Es soll allerdings nochmals betont werden, dass es sich bei diesem Ergebnis nicht um eine Gesetzmäßigkeit handelt, sondern dass sich hier lediglich ein Trend feststellen lässt.

Eine andere als die auf den Zeithorizont bezogene Typisierung ist im Rahmen dieser Arbeit nicht möglich, da eine eindeutige Zuordnung der vorgestellten Optimierungsverfahren zu betriebswirtschaftlichen Anwendungsgebieten wie z.B. Beschaffung, Produktion, Distribution und Absatz (vgl. Abbildung 12) nicht realisierbar erscheint.

---

[26] Auf die Anwendung der KNN zur Vorhersage von Aktien- oder Indizesverläufen wird wesentlich häufiger hingewiesen und scheint daher im Bereich der Finanzwirtschaft gängig zu sein, vgl. [ReZi94].

6.4 Zusammenfassung

Die vorangegangenen Kapitel haben gezeigt, dass man eine Klassifizierung von Optimierungsverfahren nach unterschiedlichen Gesichtspunkten vornehmen kann. Die in der Literatur dominierende Klassifizierungsart unterscheidet dabei exakte und heuristische Verfahren. Sie unterscheiden die Verfahren danach, ob sie im Ergebnis zum globalen Optimum gelangen oder ob es sich nur um angenäherte Lösungen handelt. Die Klassifizierung von Kruschwitz/Fischer in Anlehnung an die Lösungsgüte zielt ebenfalls auf diese Einordnung, hebt allerdings die Möglichkeit der vollständigen Enumeration als eigenständige Methode hervor, die sonst im allgemeinen den exakten Verfahren zugeordnet wird.

Eine Einordnung der Optimierungsmethoden anhand der bei der Problemstellung anzutreffenden Variablen und Restriktionen, nimmt das Unternehmen ILOG in seiner Veröffentlichung vor. Diese Sichtweise lässt somit die Qualität der Lösung außer acht, sondern hilft dem Entscheider bei der Wahl der Mittel. Dieser kann durch die Bestimmung der Variablen und Restriktionen auf ein oder mehrere Verfahren schließen, die ihm bei der Lösung des Optimierungsproblems zu einer Lösung verhelfen können.

Die Typisierung der Verfahren im Rahmen der Literaturrecherche zeigt einen Trend zu der Anwendung von Mathematischen und damit exakten Methoden bei lang- und mittelfristigen Planungsproblemen, sowie der Heuristiken bei kurzfristigen Aufgabenstellungen. Diese Aussage bezieht sich aber nur auf eine relativ kleine Auswertung und ist daher nicht allgemeingültig. Oft wird in diesem Zusammenhang auf die lange Rechendauer bei exakten Lösungen und der vergleichsweise kurzen Rechenzeit bei Heuristiken verwiesen. Auf Störungen im operativen Tagesgeschäft kann daher mit Hilfe der Heuristiken schneller reagiert werden, während langfristige Optimierungsprobleme mit den Mathematischen Verfahren ohne Einbussen hinsichtlich der Lösungsqualität berechnet werden können. Es stellt sich allerdings die Frage, wie lange der Geschwindigkeitsvorteil vor dem Hintergrund der technischen Entwicklung von Computerprozessoren noch bestehen wird.

Im Ergebnis kann die Klassifizierung der Optimierungsverfahren anhand der Qualität der Ergebnisse am ehesten überzeugen, da man als Verantwortlicher anhand dieser Lösungen zu einer Entscheidung kommen muss. Ist ein Ergebnis unter Verwendung eines exakten Verfahrens ermittelt worden, so kann man sich sicher sein, dass es sich um die optimale Lösung handelt, während sich nur angenäherte Lösungen im nachhinein noch als suboptimal herausstellen können.

7 Resümee

Weltweit agierende Konzerne und Unternehmensverbünde haben erkannt, dass durch die Abstimmung ihrer Ressourcen, Material- und Informationsströme erhebliche Einsparungen erreicht werden können. Aber auch Unternehmenskooperationen, die beispielsweise nur für die Dauer eines bestimmten Projekts streben nach einer Optimierung der zwischenbetrieblichen Abläufe, denn nur so lassen sich Wettbewerbsvorteile generieren. Zu diesem Zweck haben viele Unternehmen die Implementierung von Supply Chain Management-Systemen forciert. In jüngster Zeit kommen hier vermehrt Advanced Planing Systems zum Einsatz, die durch den Einsatz von Optimierungssoftware die Abstimmung der betriebswirtschaftlichen Abläufe ermöglichen und so zum effizienten Einsatz der verfügbaren Ressourcen beitragen soll. Neben den Anbietern von SCM-Systemen, die selber Optimierungsverfahren in ihren Systemen integrieren, kommen auch Optimierungssoftwaresysteme von Softwareherstellern zum Einsatz, die sich in diesem Bereich spezialisiert haben.

Es wurde allerdings festgestellt, dass selten umfassende Aussagen zu den eingesetzten Optimierungsmethoden von Seiten der Hersteller gemacht werden. Einzige Ausnahme ist hier das Unternehmen ILOG, dass detailliertere Informationen zu seinen Produkten bereitstellt. Diese Softwaresysteme von ILOG kommen beispielsweise im Rahmen von SAP APO zum Einsatz.

Die in dieser Arbeit vorgestellten Optimierungsverfahren sind die in der Literatur am häufigst anzutreffenden. Sie wurden in kompakter Form vorgestellt und ihre Vorgehensweise erläutert. Die geläufigste Unterscheidung ist die Klassifizierung der Verfahren in exakte Verfahren, d.h. solche, die die optimalste Lösung eines Problems finden, und in heuristische Verfahren, die meist nur zu einer angenäherten optimalen Lösung führen, dafür aber weniger Rechen- und Zeitaufwand benötigen.

Im Rahmen dieser Ausarbeitung wurde darüber hinaus festgestellt, dass sich (nach Auswertung der Arbeiten hinzugezogener Autoren) zwei Schwerpunkte beim Einsatz der Optimierungsverfahren feststellen lassen. Die Anwendung der Mathematischen Programmierung dominierte im Bereich der lang- und mittelfristigen Planung, während Constraint Programming, die Heuristiken und die Verfahren der Künstlichen Intelligenz vorzugsweise bei kurzfristigen Planungsproblemen zum Einsatz kamen.

Eine auch nur näherungsweise Klassifizierung von Optimierungsverfahren nach bestimmten betriebswirtschaftlichen Problemstellungen, wie beispielsweise der Produktions- oder der Transportplanung, konnte im Rahmen dieser Arbeit nicht erarbeitet werden. Dazu fehlte es an eindeutigen Abgrenzungen zwischen den verschiedenen Optimierungsverfahren, bzw. an einheitlichen Übereinstimmungen bei der Anwendung der Optimierungsverfahren in den definierten Bereichen. Leider fehlte es bei der Dokumentation diverser Praxisbeispiele ebenfalls an exakten Angaben über die eingesetzten Optimierungsverfahren und den damit erreichten Einsparungen. Meist wurde lediglich pauschal auf den erfolgreichen Einsatz von Maßnahmen zur Optimierung hingewiesen.

Man kann somit zum Abschluss dieser Arbeit feststellen, das der unternehmens-übergreifende Einsatz von SCM-, bzw. APS-Systemen, und damit die Verwendung diverser Optimierungsverfahren zur Planung betriebswirtschaftlicher Aufgabestellungen in Unternehmensnetzwerken große Beachtung findet. Es muss aber darauf hingewiesen werden, dass der Erfolg dieser SCM-Systeme wesentlich von der Qualität der zur Verfügung gestellten Datenbasis abhängig ist. Zu der Abstimmung ungleicher Datenformate und Aktualitätsgrade kommen dann häufig noch Unterschiede bei der informationstechnologischen Ausstattung. Auch hier gilt, dass die gesamte Wertschöpfungskette nur so stark sein kann wie ihr schwächstes Glied. Die Vernetzung der Teilnehmer eines Unternehmensverbundes stellt aber nicht nur in bezug auf die IT-Strukturen ein Problemfeld dar. Fraglich ist auch inwieweit das Vertrauen unter den potentiellen Partnern gegeben ist, um vertrauliche Unternehmensdaten anderen Netzwerkteilnehmern zur Verfügung zustellen. Dies gilt insbesondere dann, wenn es sich nur um eine temporäre Zusammenarbeit handelt.

Literaturverzeichnis

[AHW95]   Adam, D.; Hering, T.; Welker, M.: Künstliche Intelligenz durch
             neuronale Netze (I), in: Das Wirtschaftsstudium 06/1995, S.507-
             513.

[AlAr99-ol] Alicke, K.; Arnold, : Optimierung von mehrstufigen Umschlag-
             systemen, Universität Karlsruhe, 1999, im Internet unter:
             http://www-ifk.mach.uni-karlsruhe.de/ifl-
             home/publikationen/pub_download/artikel_f_h.pdf.

[Alic01-ol] Alicke, K.: Neue Konzepte im Supply Chain Management. I-
             CON GmbH, Karlsruhe, 2001, im Internet unter:
             http://www.icon-scm.com.

[Alic99]   Alicke, K.: Modellierung und Optimierung von mehrstufigen
             Umschlagsystemen (Dissertation). Wissenschaftliche Berichte
             des Institutes für Fördertechnik und Logistiksysteme der Univer-
             sität Karlsruhe (TH), Arnold, D. (Hrsg.), Band 50, Karlsruhe,
             1999.

[Axxo02]   Axxom Software AG: Optimierung von Wertschöpfungsketten –
             Funktionsübersicht zu ORion-Pl® Value Chain Optimization,
             Axxom Software AG, München, 2002.

[Baue02]   Bauer, J.: Produktionscontrolling mit SAP-Systemen - Effizientes
             Controlling, Logistik- und Kostenmanagement moderner Produk-
             tionssysteme. Verlag Vieweg, Braunschweig, 2002.

[Berg99]   Berger, I.: Optimization the Supply Chain with APS, in: APICS –
             The Performance Advantage, Heft 12/1999, S. 24-27.

[Bich02-ol] Bicher-Otto, U.: Präsentationsfolien zur Veranstaltung Mathema-
             tics II - Lineare Optimierung, European Business School, im In-
             ternet unter:
             http://www.ebs.de/Lehrstuehle/Wirtschaftsinformtik/NEW/Cours
             es/Semester2/Math2/LineareOptimierung.pdf.

[BiSu98]   Biederbick, C.; Suhl, L.: Optimierungssoftware im Internet, in:
             Wirtschaftsinformatik 40/1998 (2), S. 158-162.

[BJS95]   Bachem, A.; Jünger, M.; Schrader, R.: Mathematik in der Praxis. Springer Verlag, Berlin, 1995.

[BLW00-ol] Bremicker, H.; Lührs, T.; Wilke, J.: Supply Chain Management (SCM) – Vision und Wirklichkeit. Diebold, München, 2000. Im Internet unter: http://www.diebold.de (Publikationen).

[Bran97]   Brandt, A.: Einsatz künstlich neuronaler Netzwerke in der Ablaufplanung. Deutsche Universitäts-Verlag GmbH, Wiesbaden, 1997.

[Brau97]   Braun, H.: Neuronale Netze – Optimieren durch Lernen und Evolution. Springer-Verlag, Berlin, 1997.

[Brau98]   Braun, B.: ABC-Analyse mit Excel, in: Das Wirtschaftsstudium 10/1998, S. 1114 – 1128.

[BuKö00]   Buxmann, P.; König, W.: Zwischenbetriebliche Kooperationen auf Basis von SAP-Systemen. Springer Verlag, Berlin, 2000.

[BuRü01]   Busch, A.; Rüther, M.: SCM zwischen intra- und interorganisationaler Optimierung, in: Die Supply Chain im Zeitalter von E-Business und Global Sourcing, Dangelmaier, W.; Pape, U.; Rüther, M. (Hrsg.), ALB-HNI-Verlagsschriftenreihe, Paderborn, 2001.

[Busc02-ol] Busch, A.: Große Unterschiede in Funktionalität und Technologie. SAP INFO, im Internet unter: http://www.sapinfo.net/public/en/category.php4/Category-12613c61affe7a5bc/page/2/article/Article-250743cf751cd19b46/de .

[Coag02]   CoagenS, Webseiten über das Forschungsprojekt Coagens zur überbetrieblichen Optimierung von Netzwerken mit Agentensystemen. Im Internet unter: http://www.coagens.de .

[CoGa02]   Corsten, D.; Gabriel, C.: Supply Chain Management erfolgreich umsetzen - Grundlagen, Realisierung und Fallstudien. Springer-Verlag, Berlin, 2002.

[CoGö98]   Corsten, D.; Gössinger, R.: Dezentrale Produktionsplanungs- und steuerungsprobleme: eine Einführung in zehn Lektionen. Kohlhammer, Stuttgart, 1998.

[CoGö98a]   Corsten, D.; Gössinger, R.: Produktionsplanung- und steuerung auf der Grundlage von Multiagentensystemen, in: Dezentrale Produktionsplanungs- und steuerungsprobleme, Corsten, D.; Gössinger, R. (Hrsg.), Kohlhammer, Stuttgart, 1998.

[CoGö98b]   Corsten, D.; Gössinger, R.: Multiagentensysteme, in: WISU, Das Wirtschaftsstudium, Heft 4/1998, S. 428-442.

[CoGö01]   Corsten, H.; Gössinger, R.: Einführung in das Supply Chain Management. Oldenbourg Verlag, München, 2001.

[Comp02-ol]   Competence-Site, Wissenspool – Glossar, http://www.competence-site.de .

[Diru00]   Diruf, G.: Modellgestützte Planung und Steuerung, in: Gabler Lexikon Logistik, Klaus, P.;

Krieger, W. (Hrsg.). Gabler Verlag, Wiesbaden, 2000, S.364-365.

[DKS96-ol]   Domschke, W.; Klein, R.; Scholl, A.: Tabu Search - Durch Verbote zum schnellen Erfolg, in c't – Magazin für Computer Technik, Heft 12/1996, S.326-332. Im Internet unter: http://vwww10.hrz.tu-darmstadt.de/bwl3/forsch/projekte/tabu/paper.htm .

[DMC96-ol]   Dorigo, M.; Maniezzo, V.; Colorni, A.: The Ant System: Optimization by a colony of cooperating agents. Institute of Electrical and Electronics Engineers, Belgien, 1996. Im Internet unter: http://iridia.ulb.ac.be/pub/mdorigo/journals/IJ.10-SCM96.pdf .

[DoDr98]   Domschke, W.; Drexl, A.: Einführung in Operations Research. Springer Verlag, Berlin, 1998.

[Dori02-ol]   Dorigo, M.: About Ant Colony Optimization. Informationen zur Thematik des Ameisen-Systems, im Internet unter: http://iridia.ulb.ac.be/~mdorigo/ACO/about.html .

[DPR01]   Dangelmaier, W.; Pape, U.; Rüther, M.: Supply Chain Management bei werksübergreifender Frachtkostenoptimierung, in: Das Wirtschaftsstudium 10/2001, S. 1368 – 1382.

[DPR01a]   Dangelmaier, W.; Pape, U.; Rüther, M.: Die Supply Chain im
             Zeitalter von E-Business und Global Sourcing, ALB-HNI-
             Verlagsschriftenreihe, Paderborn, 2001.

[Enge01]   Engelmann, T.: SAP APO: PP/DS-Optimierung. Vortragmateria-
             lien, TU Berlin, 2001, im Internet unter: http://pm-mkt0.ww.tu-
             ber-
             lin.de/pm/pps/Tagungen/2001_01_11/Vortraege/Engelmann.pdf

[Ferb01]   Ferber, J,.: Multiagentensysteme – Eine Einführung in die Verteil-
             te Künstliche Intelligenz. Addison-Wesley, München, 2001.

[FKO99]   Felser, W.; Kilger, C.; Ould-Hamady, M.: Strategische Auswahl
             von SCM-Systemen, in: PPS Management, 4/1999, S.10-23.

[Flei02-ol] Fleischmann, B.: Veranstaltungsunterlagen zum Supply Chain
             Management, Universität Augsburg, 2002, im Internet unter:
             http://wisof5.wiso.uni-
             augsburg.de/index.html?/downloads/downloads.html .

[FMW00]   Fleischmann, B.; Meyr, H.; Wagner, M.: Advanced Planning, in:
             Supply Chain Manangement and Advanced Planning, Stadtler,
             H.; Kilger, C. (Hrsg.), Springer-Verlag, Berlin, 2000, S.75-77.

[Fors02-ol] Forster, : Auszüge aus einer Diplomarbeit zum Thema „Optimie-
             rung Künstlich Neuronaler Netze mit genetischen Algorithmen".
             Internet: http://www.forster-online.de/index-KI.html .

[From75]   Fromm, A.: Nichtlineare Optimierungsmodelle. Ausgewählte
             Ansätze, Kritik und Anwendung. Frankfurt/Main, 1975

[Gabl93]   Gabler Wirtschaftslexikon, elektronische Ausgabe (CD-ROM).
             Dr. Th. Gabler GmbH, Wiesbaden, 1993.

[GEK98]   Greb, T.; Erkens, E.; Kopfer, H.: Naturadaptive Ansätze zur Lö-
             sung betrieblicher Optimierungsprobleme, in: Das Wirtschafts-
             studium 04/1998, S. 444 – 454.

[GeKa02]   Geiger, C.; Kanzow, C.: Theorie und Numerik restringierter Op-
             timierungsaufgaben. Springer Verlag, Berlin, 2002.

[Gesa01-ol]   Gesatzki, R.: Advanced Planning & Scheduling-Systeme zur Op-
                timierung der Supply Chain. MyLogistics – Das Logistikportal,
                29.10.2001, im Internet unter:
                http://www.mylogistics.net/de/news/themen/keys/news21232/jsp

[Goet00]   Goetschalckx, M.: Strategic Network Planning, in: Supply Chain
                Manangement and Advanced Planning, Stadtler, H.; Kilger, C.
                (Hrsg.), Springer-Verlag, Berlin, 2000, S.79-95.

[Goho00]   Gohout, W.: Operations Research: lineare Optimierung, Trans-
                portprobleme und Zuordnungsprobleme. Oldenbourg-Verlag,
                München, 2000.

[Göpf00]   Göpfert, I.: Logistik – Führungskonzeption. Verlag Vahlen,
                München, 2000.

[Gron99]   Gronau, N.: Management von Produktion und Logistik mit SAP®
                R/3®. Oldenbourg, München, 1999.

[GüTe00]   Günther, H.-O.; Tempelmeier, H.: Produktion und Logistik.
                Springer Verlag, Berlin, 2000.

[GWI-ol00]   GWI-SIEDA GmbH, Optimierung mit Constraintverfahren, Kai-
                serslautern, 2000. Im Internet unter:
                http://www.sieda.com/de/data/archiv/cs-verfahren.pdf .

[Haeh02-ol]   Haehling von Lanzauer, C.: Fallstudie: Northfield Oil Company.
                Freie Universität Berlin, Berlin, 2002, im Internet unter:
                http://www.wiwiss.fu-berlin.de/haehling/Lehre/North_Oil.pdf .

[Hans96]   Hansmann, K.-W.: Produktionssteuerung eines flexiblen Ferti-
                gungssystems mit Akzeptanzalgorithmen, in: Produktions- und
                Zuliefernetzwerken, Wildemann, H. (Hrsg.), TCW, Transfer-
                Centrum-Verlag, München 1996, S. 293-313.

[HaPi00]   Haehling von Lanzenauer, C.; Pilz-Glombik, K.: A Supply Chain
                Optimization Model for MIT´s Beer Distribution Game, in: Zeit-
                schrift für Betriebswirtschaft, 70. Jg. (2000), H. 1, S.101-116.

[Hax74]   Hax, H.: Entscheidungsmodelle in der Unternehmung/Einführung
                in Operations Research. Rowohlt Verlag, Hamburg, 1974.

[HeRe93]   Heizer, J.; Render, B.: Production and Operations Management –
             Strategies and Tactics. Allyn and Bacon, Boston, 1993.

[Heue97]   Heuer, J.: Neuronale Netze in der Industrie. Deutscher Universi-
             tätsverlag, Wiesbaden, 1997.

[Hock95-ol] Hocks, M.: Innere-Punkt-Methoden und automatische Ergebnis-
             verifikation in der linearen Optimierung. Dissertation, Universität
             Karlsruhe, 1995. Im Internet unter:
             http://webdoc.gwdg.de/ebook/e/2000/hockinne/21.pdf .

[HoKo99]   Hollnsteiner, K.; Kopel, M.: Übungsbuch zur Betriebswirtschaft-
             lichen Optimierung. Oldenbourg Verlag, München, 1999.

[HoRe02-ol] Horn, E.; Reinke, T.: Musterarchitekturen und Entwicklungsme-
             thoden für Agentensysteme in betriebswirtschaftlichen Anwen-
             dungen. Foliensammlung, Universität Potsdam, Institut für In-
             formatik, 2002. Im Internet unter: http://www.wirtschaft.tu-
             ilmenau.de/wi/wi2/SPP-Agenten/WS-SPP/Folien/ilm_2207.pdf .

[HPR02]   Hellingrath, B.; Pater, H.-G.; Rittscher, J.: Softwaresysteme für
             Logistik und Produktion – Auswahl und Einführung. Fraunhofer-
             Institut für Materialfluss und Logistik, Dortmund, 2002.

[Ilog01-ol] ILOG Optimization Suite, White Paper. ILOG Deutschland
             GmbH, Bad Homburg, 2001, im Internet unter:
             http://www.ilog.com (Whitepaper).

[Iser98]   Isermann, E.: Logistik. Verlag Moderne Industrie, Lands-
             berg/Lech, 1998.

[Jiri99-ol] Jirig, T.: Supply Chain Management – Gestaltung und Koordina-
             tion der Lieferkette, Wien, 1999, im Internet unter:
             http://wiim.wiwi.tu-dresden.de/wist/hefte/9910/artikel.htm .

[JoSe98]   Joereßen, A.; Sebastian, H.-J.: Problemlösung mit Modellen und
             Algorithmen. Teubner Studienbücher Wirtschaftswissenschaften,
             Stuttgart, 1998.

[Jung99]   Jungnickel, D.: Optimierungsmethoden. Springer Verlag, Berlin,
             1999.

[Kall95]   Kallrath, J.: Diskrete Optimierung in der chemischen Industrie,
             in: Mathematik in der Praxis, S.173 – 195, Bachem, A.; Jünger,
             M.; Schrader, R. (Hrsg.). Springer Verlag, Berlin, 1995.

[Klei00]   Klein, R.: Constraint Programming, in: Supply Chain Manage-
             ment and Advanced Planning, Stadtler, H.; Kilger, C. (Hrsg.),
             S.353 – 359. Springer Verlag, Berlin, 2000.

[Klei00a]   Klein, R.: Genetic Algorithms, in: Supply Chain Management
             and Advanced Planning, Stadtler, H.; Kilger, C. (Hrsg.), S.345 -
             352. Springer Verlag, Berlin, 2000.

[KlKr00]   Klaus, P.; Krieger, W.: Gabler Lexikon Logistik. Gabler, Wies-
             baden, 2000.

[Klüg01]   Klügl, F.: Multiagentensimulation: Konzepte, Werkzeuge, An-
             wendungen. Addison-Wesley, München, 2001.

[KMZ00]   Knolmayer, G.; Mertens, P.; Zeier, A.: Supply Chain Manage-
             ment auf Basis von SAP-Systemen. Springer-Verlag, Berlin,
             2000.

[Knol01]   Knolmayer, G.: Advanced Planning and Scheduling Systems:
             Optimierungsmethoden als Entscheidungskriterium für die Be-
             schaffung von Software-Paketen?, in: Zum Erkenntnisstand der
             Betriebswirtschaftslehre am Beginn des 21. Jahrhunderts, Wag-
             ner, U. (Hrsg.), Duncker und Humblot, Berlin, 2001.

[Knol00-ol] Knolmayer, G.: Methoden fortgeschrittener Produktionsplanung
             und –steuerung, Vortragsfolien, Bern, 15.11.2000
             http://www.ie.iwi.unibe.ch/SCM-Dateien/PWC.pdf

[KoLe00]   Kortmann, J.; Lessing, H.: Marktstudie: Standartsoftware für
             Supply Chain Management. ALB/HNI-Verlagsschriftenreihe,
             Paderborn, 2000.

[Kore02-ol] Korevaar, P.: Distribution Logistics: A 2-Stage Optimization
             Model. Präsentationsunterlagen zur 32. Sitzung der Arbeitsgrup-
             pen Logistik/Optimierung, Heidelberg, 2002. Im Internet unter
             http://www.mathematik.uni-
             hildesheim.de/bwl/aglogistik/vortrag_schweinfurt/korevaar.pdf .

[KoVy00]   Korte, B.; Vygen, J.: Combinatorial Optimization. Springer-
            Verlag, Berlin, 2000.

[KPLW99]   Kulow, B.; Palm, D.; Laakmann, F.; Witthaut, M.: Marktstudie
            Supply Chain Management, Planungssysteme im Überblick.
            Fraunhofer IPA und IML, Stuttgart, Dortmund, 1999.

[Kreb02]   Krebs, W.: Optimierung einer Wertschöpfungskette am Beispiel
            des Projektes CoagenS, in: Modelle im E-Business, Dangelmaier,
            W.; Emmrich, A.; Kaschula, D. (Hrsg.), Fraunhofer ALB, 2002,
            S.123-138.

[Klau00]   Klaus, P.: Supply Chain Management, in: Gabler Lexikon Logis-
            tik, Klaus, P.; Krieger, W. (Hrsg.), Gabler Verlag, Wiesbaden,
            2000, S.449-456.

[KrFi81]   Kruschwitz, L.; Fischer, J.: Heuristische Lösungsverfahren, in
            WiSt – Wirtschaftswissenschaftliches Studium, Heft 10, Oktober
            1981, S.449-458.

[Krug01]   Krug, W.: Modelierung, Simulation und Optimierung für Prozes-
            se der Fertigung, Organisation und Logistik. SCS-Europe BVBA,
            Ghent, Belgien, 2001.

[Krum94-ol] Krumke, S.: Eine modifizierte Barrieremethode für konvexe
            quadratische Optimierungsprobleme. Diplomarbeit, Universität
            Würzburg, 1994. Im Internet unter:
            http://www.zib.de/krumke/Postscript/dipl.ps.gz .

[Krüt01-ol] Krützfeldt, D.: Verteilte Simulation dynamischer Materialversor-
            gungsprozesse der Montage in Produktionsverbünden. Dissertati-
            on, Technische Universität Berlin, 2001, im Internet unter:
            http://edocs.tu-berlin.de/diss/2001/kruetzfeldt_dirk.pdf .

[KSW96]   Kern, W.; Schröder, H.-H.; Weber, J.: Handwörterbuch der Pro-
            duktionswirtschaft. Schäffer-Poeschel Verlag, Stuttgart, 1996.

[KuRo95]   Kurbel, K.; Rohmann, T.: Ein Vergleich von Verfahren zur Ma-
            schinenbelegungsplanung: Simulated Annealing, Genetische Al-
            gorithmen und mathematische Optimierung, in: Wirtschaftsin-
            formatik, 37, Heft 6, 1995, S.581-593.

[Lang00]   Lange, U.: Supply Chain Management und Netzwerkmanage-
                ment aus der strategischen Sicht des Logistikdienstleisters am
                Beispiel eines multimodalen Vollsortimenters. Inauguraldisserta-
                tion, Gerhard-Mercator-Universität Duisburg, 2000.

[Lohr94]   Lohrbach, T.: Einsatz von Künstlichen Neuronalen Netzen für
                ausgewählte betriebswirtschaftliche Aufgabenstellungen und
                Vergleich mit konventionellen Lösungsverfahren. Unitext-
                Verlag, Göttingen, 1994.

[LuPu01]   Lustig, I.; Puget, J.-F.: Program does not equal Program: Con-
                straint Programming and its Relationship to Mathematical Pro-
                gramming, in: Interfaces, Jhrg. 31, Heft 6; November 2001, S.29-
                53.

[Lutz00-ol]   Lutz H.: APO-Tool beflügelt Logistik-Kette bei Goodyear Euro-
                pa, im Internet unter: http://redaktion-hlutz.de/Seiten/APO.htm .

[Mack02]   Mack, D.: Computational Intelligence in der Materialwirtschaft.
                Deutscher Universitäts-Verlag, Wiesbaden, 2002.

[MaGr00]   Marti, K.; Gröger, D.: Einführung in die lineare und nichtlineare
                Optimierung. Physica Verlag, Heidelberg, 2000.

[Meyr00]   Meyr, H.: Forecast Methods, in: Supply Chain Manangement and
                Advanced Planning, S.323-334, Stadtler, H.; Kilger, C. (Hrsg.),
                Springer-Verlag, Berlin, 2000.

[MuJo00]   Murch, R.; Johnson, T.: Agententechnologie: die Einführung:
                intelligente Software-Agenten auf Informationssuche im Internet.
                Addison-Wesley, München, 2000.

[MWR00]   Meyr, H.; Wagner, M.; Rohde, J.: Structure of Advanced Plan-
                ning Systems, in: Supply Chain Manangement and Advanced
                Planning, S.75-77, Stadtler, H.; Kilger, C. (Hrsg.), Springer-
                Verlag, Berlin, 2000.

[Müll73]   Müller-Merbach, H.: Operations Research. Vahlen Verlag, Mün-
                chen, 1973.

[NEOS02-ol]   NEOS Guide Optimization Tree.
                http://www.mcs.anl.gov/home/otc/Guide/OptWeb

[Niss94]   Nissen, V.: Evolutionäre Algorithmen. Deutscher Universitäts-
              Verlag, Wiebaden, 1994.

[OtKo01]   Otto, A.; Kotzab, H.: Der Beitrag des Supply Chain Manage-
              ments zum Management von Supply Chains – Überlegungen zu
              einer unpopulären Frage, in: Zeitschrift für betriebswirtschaftli-
              che Forschung (zfbf), Jhrg. 53, März 2001, S.157-174.

[Pesc98]   Pesch, E.: Einlastungsstrategien in der Werkstattfertigung, in
              Logistik, Isermann, H. (Hrsg.), Verlag Moderne Industrie, Lands-
              berg/Lech, 1998, S.353-367.

[Pfoh99]   Pfohl, H.-Chr.: Logistik 2000plus, Erich Schmidt Verlag, Berlin,
              1999.

[Pfoh00]   Pfohl, H.-Chr.: Supply Chain Management: Logistik plus?, Erich
              Schmidt Verlag, Darmstadt, 2000.

[Reif00-ol]   Reif, G.: Moderne Aspekte der Wissensverarbeitung, TU Graz,
              2000, im Internet unter:
              http://www.iicm.edu/greif/images/node1.html .

[Reiß98]   Reiß, W.: Mikroökonomische Theorie. Oldenbourg Verlag, Mün-
              chen, 1998.

[ReKe95]   Rehkugler, H,; Kerling, M.: Einsatz Neuronaler Netze für Analy-
              se- und Prognose-Zwecke, in: Betriebswirtschaftliche Forschung
              und Praxis 3, 1995, S. 306-324.

[RePo92]   Rehkugler, H.; Poddig, T.: Anwendungsperspektiven und An-
              wendungsprobleme von Künstlichen Neuronalen Netzwerken, in:
              Information Management 02/1992, S.50-58.

[ReZi94]   Rehkugler, H.; Zimmermann, H.G.: Neuronale Netze in der Öko-
              nomie. Verlag Vahlen, München, 1994.

[ReUr99]   Reese, J.; Urban, K.-P.: Produktionsplanung mit Hilfe von loka-
              len Suchverfahren, in: Das Wirtschaftsstudium 03/1999, S.318 –
              324.

[Roja93]   Rojas, R.: Theorie der neuronalen Netze. Springer-Verlag, Berlin,
              1993.

[RoWa00]   Rohde, J.; Wagner, M.: Master Planning, in: Supply Chain Ma-
             nagement and Advanced Planning, Stadtler, H.; Kilger, C.
             (Hrsg.), Springer Verlag, Berlin, 2000, S.117-134.

[SAPI02-ol] SAP INFO, Glossar. Im Internet unter:
             http://www.sapinfo.net/public/de/glossary.php4 .

[Saue02-ol] Sauer, J.: Multi-Site Scheduling – Hierarchisch koordinierte Ab-
             laufplanung auf mehreren Ebenen. Habilitationsschrift, Universi-
             tät Oldenburg, Januar 2002, unter: http://www-is.informatik.uni-
             oldenburg.de/~sauer/paper/habil.pdf .

[Schm99]   Schmid-Lutz, V.: Supply Chain Initiative, in: Logistik 2000plus,
             Pfohl, H.-C. (Hrsg.), Erich Schmidt Verlag, Berlin, 1999.

[Scho99]   Scholz-Reiter, B.: Supply Chain Management erschließt neue
             Optimierungspotentiale, in: Industrie Management 15, 1999, 5;
             GITO-Verlag.

[Scho01]   Scholl, A.: Robuste Planung und Optimierung. Physica-Verlag,
             Heidelberg, 2001.

[Schö00]   Schönsleben, P.: Integrales Logistikmanagement. Springer Ver-
             lag, Berlin, 2000.

[Schr97]   Schrage, L.: Optimization Modeling with LINDO. Duxbury
             Press, Belmont, 1997.

[Schu98]   Schumann, M.: Neuronale Netze zum Unterstützen der dezentra-
             len Produktionsplanung und –steuerung, in: Dezentrale Produkti-
             onsplanungs- und steuerungsprobleme, Corsten, D.; Gössinger,
             R. (Hrsg.), Kohlhammer, Stuttgart, 1998, S.210-231.

[Schu99]   Schulte, C.: Logistik: Wege zur Optimierung des Material- und
             Informationsflusses. Verlag Franz Vahlen, München, 1999.

[Schw96]   Schweitzer, M.: Produktionswirtschaftliche Forschung, in:
             Handwörterbuch der Produktionswirtschaft, Kern, W.; Schröder,
             H.-H.; Weber, J. (Hrsg), Schäffer-Poeschel Verlag, Stuttgart,
             1996.

[ScMe00]   Schultz, J.; Mertens, P.: Untersuchung wissensbasierter und wei-
            terer ausgewählter Ansätze zur Unterstützung der Produktions-
            feinplanung – ein Methodenvergleich, in Wirtschaftsinformatik,
            Jhrg. 42, 01/2000, S.56-65.

[SDK98a]   Scholl, A.; Domschke, W.; Klein, R.: Logistik: Methoden der
            Tourenplanung (I), in: Das Wirtschaftsstudium 01/1998, S. 163 -
            168.

[SDK98b]   Scholl, A.; Domschke, W.; Klein, R.: Logistik: Methoden der
            Tourenplanung (II), in: Das Wirtschaftsstudium 01/1998, S. 251
            – 256.

[Seid00]   Seidl, K.: Supply Chain Management Software – Einsatzmög-
            lichkeiten und Nutzenerwartungen, in: Supply Chain Manage-
            ment: Logistik plus?, Pfohl, H.-Chr. (Hrsg), Erich Schmidt Ver-
            lag, Darmstadt, 2000, S.161-183.

[Seid00-ol] Seidel, S.: Näherungsverfahren und die Anwendung auf das 0/1-
            Rucksackproblem. Universität Zittau, 2000. In Internet unter:
            http://inf-gr.htw-
            zittau.de/~wagenkn/TI/Komplexitaet/ReferateSS00/seidel.pdf .

[Shap01]   Shapiro, J. F.: Modeling the Supply Chain. Duxbury Thomson
            Learning, Pacific Grove (USA), 2001.

[Sied94]   Siedenkopf, J.: Anwendung und Beurteilung heuristischer Ver-
            besserungsverfahren für die Maschinenbelegungsplanung – Ein
            exemplarischer Vergleich zwischen Neuronalen Netzen, Simula-
            ted Annealing und genetischen Algorithmen. Institut für Produk-
            tionswirtschaft und Industrielle Informationswirtschaft, Arbeits-
            bericht Nr.2, Universität Leipzig, 1994.

[SKKD02-ol] Scholl, A.; Krispin, G.; Klein, R.; Domschke, W.: Branch and
            Bound – Optimieren auf Bäumen: je beschränkter, desto besser.
            Technische Universität Darmstadt, 2002, im Internet unter:
            http://www.bwl.tu-
            darmstadt.de/bwl3/forsch/projekte/bb/veroeff/bb0197.htm .

[SKS00]   Simchi-Levi, D.; Kaminsky, P.; Simchi-Levi, E.: Designing and
            Managing the Supply Chain, Concepts, Strategy and Case Stud-
            ies. Irwin McGraw-Hill, Singapore, 2000.

[Stad00]   Stadtler, H.: Supply Chain Management – An Overview, in: Sup-
            ply Chain Management and Advanced Planning, Stadtler, H.;
            Kilger, C. (Hrsg.), Springer Verlag, Berlin, 2000.

[Stad00a]   Stadtler, H.: Linear and Mixed Integer Programming, in: Supply
            Chain Management and Advanced Planning, Stadtler, H.; Kilger,
            C. (Hrsg.), Springer Verlag, Berlin, 2000, S.335-344.

[StFi96]   Stepan, A.; Fischer, E.: Betriebswirtschaftliche Optimierung.
            Oldenbourg Verlag, München, 1996.

[StKi00]   Stadtler, H. Kilger, C.: Supply Chain Management and Advanced
            Planning: Concepts, Models and Case Studies. Springer-Verlag,
            Berlin, 2000.

[StWi93]   Steiner, M.; Wittkemper, H.-G.: Neuronale Netze – Ein Hilfsmit-
            tel für betriebswirtschaftliche Probleme, in: Die Betriebswirt-
            schaft, Jhrg. 53, 1993, H. 4, S.447-463.

[Supp02-ol] Supply-Chain Council: Supply-Chain Operations Reference-
            model. Supply-Chain Council, Inc., Pittsburgh, 2002. Im Internet
            unter: http://www.supply-chain.org

[Temp99]   Tempelmeier, H.: Material-Logistik: Modelle und Algorithmen
            für die Produktionsplanung und –steuerung und das Supply Chain
            Management. Springer verlag, Berlin, 1999.

[Temp01]   Tempelmeier, H.: Master Planning mit Advanced Planning Sys-
            tems. POM Prof. Tempelmeier GmbH, Erftstadt, 2001.

[Temp02-ol] Tempelmeier, H.: Advanced Planning. Informationen rund um
            das Themengebiet des Advanced Planning, im Internet unter:
            http://www.advanced-planning.de

[Troß96]   Troßmann, E.: Ablaufplanung bei Einzel- und Serienproduktion,
            in: Handwörterbuch der Produktionswirtschaft, S.11-26; Kern,
            W.; Schröder, H.-H.; Weber, J. (Hrsg.), Schäffer-Poeschel Ver-
            lag, Stuttgart, 1996.

[VFG00]   Voß, S.; Fiedler, C.; Greistorfer, P.: Meta-Heuristiken als moder-
             ne Lösungskonzepte für komplexe Optimierungsprobleme, in:
             Das Wirtschaftsstudium 04/2000, S. 552 – 566.

[Wagn01]   Wagner, U.: Zum Erkenntnisstand der Betriebswirtschaftslehre
             am Beginn des 21. Jahrhunderts. Duncker und Humblot, Berlin,
             2001.

[Wagn02-ol] Wagner, M.: Produktionsmanagement, Präsentationsmaterial,
             Universität Augsburg, Lehrstuhl für Produktion und Logistik,
             2002, im Internet unter: http://wisof5.wiso.uni-
             augsburg.de/downloads/downloads.html .

[Wäsc98]   Wäscher, G.: Local Search, in: Das Wirtschaftsstudium 11/1998,
             S. 1299 – 1306.

[WBN+02-ol] Wenzel, S.; Bernhard, J.; Nickel, S.; Hietel, D.; Lavrov, A.;
             Deerberg, G.; Schwarze-Benning, K.; Körner, H.-J.; Appelt, W.;
             Hinrichs, E.: SILVER – Simulationsbasierte Systeme zur Integra-
             tion logistischer und verfahrenstechnischer Entscheidungsprozes-
             se. Fraunhofer Institute IML, ITWM, UMSICHT und FIT,
             26.04.2002. Im Internet unter:
             http://silver.itwm.fhg.de/AB1_GesamtBerichtV1.1.pdf .

[Weig94]   Weigelt, M.: Dezentrale Produktionssteuerung mit Agenten-
             Systemen. Deutscher Universitätsverlag, Wiesbaden, 1994.

[WHK+98]   Wiendahl, H.-P.; Höbig, M.; Kuhn, A.; Kloth, M.; Weber, J.;
             Franken, M.: Kennzahlengestützte Prozesse im Supply Chain
             Management, in: Industrie Management 14 (1998) 6, GITO-
             Verlag.

[Wild96]   Wildemann, H.: Produktions- und Zuliefernetzwerke. TCW,
             Transfer-Centrum-Verlag, München, 1996.

[Wild00]   Wildemann, H.: Supply Chain Management – Leitfaden für ein
             unternehmensübergreifendes Wertschöpfungsmanagement. TCW
             Transfer-Centrum Verlag, München, 2000.

[Zäpf01]   Zäpfel, G.: Bausteine und Architekturen von Supply Chain Ma-
             nagement-Systemen, in: PPS Management 6 (2001) 1, GITO
             Verlag.

Anhang A – Glossar

An dieser Stelle werden einige Begriffe erläutert, die häufig im Umfeld betrieblicher Informationssysteme und bei der Optimierung betrieblicher Abläufe genannt werden. Alle Ausführungen orientieren sich an [Comp02-ol, Glossar].

Advanced Planning Systems / Advanced Planning & Scheduling (APS)	APS-Systeme dienen zur Optimierung des Planungsprozesses und bekommen ihre Daten meistens von einem ERP-System.
Available to promise (ATP)	Eine Methode, die die Auslastung von Kapazitäten in Relation zu den Kundenaufträgen betrachtet.
Bullwhip-Effekt	Phänomen, das in der Supply Chain auftritt und eine konstante Nachfrage zum Ende einer Supply Chain immer chaotischer werden lässt.
Decision Support System (DSS)	Entscheidungsunterstützende Systeme, die unter Verwendung von Optimierungsverfahren zur Lösung von Problemen eingesetzt werden.
Efficient Costumer Response (ECR)	Ist eine Initiative des Handels und deren Lieferanten, um die zwischen ihnen existierenden Barrieren aufzuheben mit dem Fokus auf Prozesse, Methoden und Technologien um die Supply Chain zu optimieren.
Electronic Data Interchange (EDI)	Eine elektronische Übertragung von Informationen zwischen Unternehmen oder Standorten mittels Telekommunikation.
Enterprise Ressource Planning (ERP)	Als ERP-Systeme werden Softwarepakete bezeichnet, die alle unternehmensweiten Vorgänge wie Controlling, Finanzbuchhaltung, Einkauf, u.a. integrieren.

Material Requirements Planning (MRP)	Ein Satz von Techniken, das die Stücklisten, die Bestände, sowie die Primärbedarfsplanung benutzt um die Materialanforderungen zu berechnen.
Manufacturing Resource Planning (MRP II)	Eine Methode für die sequentielle Planung aller Ressourcen innerhalb eines Produktionsunternehmens.
Produktionsplanung und steuerung (PPS)	– Die Produktionsplanung umfasst die Produktionsprogrammplanung, Mengenplanung, Termin- und Kapazitätsplanung; die Produktionssteuerung schließt Auftragsveranlassung und Auftragsüberwachung ein.
Quick Response (QR)	Anwendung von japanischen Herstellungsverfahren (JIT, Kanban) auf bestimmte Industriezweige zur Verbesserung des Kundenservices.
Supply Chain Management (SCM)	SCM ist die Kunst des Managements aller Flüsse und Prozesse, die notwendig sind, um den Kunden zu befriedigen und ihm einen Nutzen bringt. Dies beinhaltet alle Aktivitäten, die im Zusammenhang mit der Bewegung von Gütern, Informationen und Geld entlang der Supply Chain stehen.
Vendor Managed Inventory (VMI)	Instrument zur Verbesserung der Logistikkette, indem Lieferanten auf die Lagerbestände des Kunden zugreifen und für deren Aufrechterhaltung verantwortlich sind.

Anhang B – Softwaresysteme zur Optimierung

Auswahl an verfügbaren Softwaresystemen zur Optimierung (in Anlehnung an [DDK+00]).[27]

Produkt	Hersteller	Internetadresse	Typ	Test-version
AMPL	Lucent Technologies	www.ampl.com	Modellgenerator	Ja
ClipMOPS	Prof. Dr. U. Suhl	www.mops.fu-berlin.de	Tabellenkalkula-tionsprogramm	Ja
CPLEX	Ilog	www.ilog.com	Optimierer	Nein
Frontsys	Frontline Systems	www.frontsys.com	Tabellenkalkula-tionsprogramm	Ja
GAMS	GAMS Development	www.gams.com	Modellgenerator	Nein
LINGO	Lindo Systems	www.lindo.com	System	Ja
MOPS	Prof. Dr. U. Suhl	www.mops.fu-berlin.de	Optimierer	Nein
MPL	Maximal Software	www.maximal-usa.com	Modellgenerator	Ja
OPL Studio	Ilog	www.ilog.com	System	Ja
OSL	IBM	www6.software.ibm.com/ es/oslv2/welcome.htm	Optimierer	Ja
What´s Best!	Lindo Systems	www.lindo.com	Tabellenkalkula-tionsprogramm	Ja
Xpress-MP	Dash Associates	www.dashopt.com	System	Ja

---

[27] Siehe dazu auch [Temp02-ol, Anbieter].

Anhang C - Weiterführendes zum Operations Research

Ausgewählte Zeitschriften zum Themengebiet des Operations Research:

- Annals of Opeartions Research
- Computers & Operations Research
- Informatik Spektrum
- Interfaces
- Journal of the Operational Research Society
- Mathematics of Operations Research
- Operations Research
- Operations-Research-Spektrum
- ORMS Today
- RAIRO Operations research
- SIAM Journal on Optimization
- Zeitschrift für Operations-Research

Anhang D – Weitere Literaturquellen

Zur Bearbeitung der Diplomarbeit hinzugezogene Literatur, ohne das aus ihr Textpassagen zitiert oder in anderer Weise Gedankengänge übernommen wurde.

[AWL91]   Assad, A.; Wasil, E.; Lilien, G.: Excellence in Management Science Practice. Prentice Hall, Englewood Cliffs, New Jersey, 1991.

[BaCo96]   Bamberg, G.; Coenenberg, A.: Betriebswirtschaftliche Entscheidungslehre. Verlag Franz Vahlen, München, 1996.

[DDK+00]   Domschke, W.; Drexl, A.; Klein, R.; Scholl, A.; Voß, S.: Übungen und Fallbeispiele zum Operations Research. Springer-Verlag, Berlin, 2000.

[Wern00]   Werner, H.: Supply Chain Management. Gabler Verlag, Wiesbaden, 2000.

[Deth94]   Dethloff, J.: Verallgemeinerte Tourenplanungsprobleme: Klassifizierung, Modellierung, Lösungsmöglichkeiten. Vandenhoeck und Ruprecht, Göttingen, 1994.

[DKS96a]   Domschke, W.; Klein, R.; Scholl, A.: Tabu Search – eine intelligente Lösungsstrategie für komplexe Optimierungsprobleme, in WiSt – Wirtschaftswissenschaftliches Studium, 25. Jhrg., 1996, S. 606 – 610.

[Doms90]   Domschke, W.: Logistik: Rundreisen und Touren. Oldenbourg Verlag, München, 1990.

[EBL98]   Ellinger, T.; Beuermann, G.; Leisten, R.: Operations Research. Springer Verlag, Berlin, 1998.

[Ehrg00]   Ehrgott, M.: Multicriteria Optimization. Springer Verlag, Berlin, 2000.

[FNGS98]   Fleischmann, B.; van Nunen, J.; Grazia Speranza, M.; Stähly, P.: Advances in Distribution Logistics. Springer Verlag, Berlin, 1998.

[GeKa99]   Geiger, C.; Kanzow, C.: Numerische Verfahren zur Lösung unrestringierter Optimierungsaufgaben. Springer Verlag, Berlin, 1999.

[Gnir98]   Gnirke, K.: Internationales Logistikmanagement: strategische Entwicklung und organisatorische Gestaltung der Logistik transnationaler Produktionsnetzwerke. Gabler Verlag, Wiesbaden, 1998.

[GRZ93]   Graves, S. C.; Rinnooy, A. H. G.; Zipkin, P. H.: Logistics of Production and Inventory. North-Holland, Amsterdam, 1993.

[Gute02-   Gutenschwager, K.: Meta-heuristische Lösungsansätze zur Steuerung
ol]   eines Elektrohängebahn-Systems. Präsentationsunterlagen, TU Braunschweig, 2002. Im Internet unter: http://www.mathematik.uni-hildesheim.de/bwl/aglogistik/vortrag_schweinfurt/gutenschwager.pdf

[HaNi99]   Handfield, R.; Nichols, E.: Introduction to Supply Chain Management. Prentice-Hill, New Jersey, 1999.

[HoPa95]   Hoffmann, K.; Padberg, M.: Bestimmung optimaler Einsatzpläne für Flugpersonal, in: Mathematik in der Praxis, Bachem, A.; Jünger, M.; Schrader, R. (Hrsg.), Springer Verlag, Berlin, 1995, S. 509-532.

[KTS99]   Kurbel, K.; Teuteberg, F.; Szulim, D.: Automatische Aufbereitung von Informationen aus dem World Wide Web für die Beschaffungslogistik unter Einsatz von kooperativ-intelligenten Informationsagenten, Europa-Universität Frankfurt/Oder, 1999, im Internet unter: http://www.wirtschaft.tu-ilmenau.de/wi/wi2/SPP-Agenten/WS-SPP/kurbel.pdf .

[LiSc75]   Liesegang, G.; Schirmer, A.: Heuristische Verfahren zur Maschinenbelegungsplanung bei Reihenfertigung, in: Zeitschrift für Operations Research, Band 19, Physica-Verlag, Würzburg, 1975, S.195-211.

[LLTT98]   Labbé, M.; Laporte, G.; Tanczos, K.; Toint, P.: Operations Research and Decision Aid Methodologies in Traffic and Transportation Management. Springer Verlag, Berlin, 1998.

[Maty01]   Matyas, K.: Taschenbuch Produktionsmanagement. Hanser Verlag, München, 2001.

[MiVo02]   Mies, A.; Voß, S.: Logistik zeitnah gestalten, in: Modelle im E-Business, Dangelmaier, W.; Emmrich, A.; Kaschula, D. (Hrsg.), Fraunhofer ALB, 2002, S.197-217.

[Moch96]   Mochty, L.: Lernen in der industriellen Produktion, in: Handwörterbuch der Produktionswirtschaft, S.1074-1085; Kern, W.; Schröder, H.-H.; Weber, J. (Hrsg.), Schäffer-Poeschel Verlag, Stuttgart, 1996.

[NRT89]   Nemhauser, G. L.; Rinnooy Kan, A. H. G.; Todd, M. J.: Optimiza-
             tion. North-Holland, Amsterdam, 1989.

[Pfoh00a]   Pfohl, H.-Chr.: Logistiksysteme. Springer Verlag, Berlin, 2000.

[PoRe96]   Poirier, C.; Reiter, S.: Die optimale Wertschöpfungskette. Campus
             Verlag, Frankfurt, 1996.

[Romm94]   Rommelfanger, H.: Fuzzy Decision Support-Systeme. Springer Ver-
             lag, Berlin, 1994.

[Schi99]   Schinzer, H.: Supply Chain Management, in: Das Wirtschaftsstudi-
             um 06/1999, S. 857 – 863.

[Schn01]   Schneider, S.: Rechnergestützte, kooperativ arbeitende Optimie-
             rungsverfahren am Beispiel der Fabriksimulation, Dissertation, Uni-
             versität Kassel, Kassel University Press, 2001.

[SDK98]   Scholl, A.; Domschke, W.; Klein, R.: Logistik: Aufgaben der Tou-
             renplanung , in: Das Wirtschaftsstudium 02/1998, S. 62 – 67.

[Spel93]   Spellucci, P.: Numerische Verfahren der nichtlinearen Optimierung.
             Birkhäuser Verlag, Basel. 1993.

[Wagn00]   Wagner, M.: Demand Planning, in: Supply Chain Management and
             Advanced Planning, Stadtler, H.; Kilger, C. (Hrsg.), Springer Verlag,
             Berlin, 2000, S.97-115.

[Zele89]   Zelewski, S.: Komplexitätstheorie als Instrument zur Klassifizierung
             und Beurteilung von Problemen des Operations Research. Vieweg
             Verlag, Braunschweig, 1989.

Diplom.de

Wissensquellen gewinnbringend nutzen

Qualität, Praxisrelevanz und Aktualität zeichnen unsere Studien aus. Wir bieten Ihnen im Auftrag unserer Autorinnen und Autoren Wirtschaftsstudien und wissenschaftliche Abschlussarbeiten – Dissertationen, Diplomarbeiten, Magisterarbeiten, Staatsexamensarbeiten und Studienarbeiten zum Kauf. Sie wurden an deutschen Universitäten, Fachhochschulen, Akademien oder vergleichbaren Institutionen der Europäischen Union geschrieben. Der Notendurchschnitt liegt bei 1,5.

Wettbewerbsvorteile verschaffen – Vergleichen Sie den Preis unserer Studien mit den Honoraren externer Berater. Um dieses Wissen selbst zusammenzutragen, müssten Sie viel Zeit und Geld aufbringen.

http://www.diplom.de bietet Ihnen unser vollständiges Lieferprogramm mit mehreren tausend Studien im Internet. Neben dem Online-Katalog und der Online-Suchmaschine für Ihre Recherche steht Ihnen auch eine Online-Bestellfunktion zur Verfügung. Inhaltliche Zusammenfassungen und Inhaltsverzeichnisse zu jeder Studie sind im Internet einsehbar.

Individueller Service – Gerne senden wir Ihnen auch unseren Papierkatalog zu. Bitte fordern Sie Ihr individuelles Exemplar bei uns an. Für Fragen, Anregungen und individuelle Anfragen stehen wir Ihnen gerne zur Verfügung. Wir freuen uns auf eine gute Zusammenarbeit.

Ihr Team der Diplomarbeiten Agentur

Diplomica GmbH
Hermannstal 119k
22119 Hamburg

Fon: 040 / 655 99 20
Fax: 040 / 655 99 222

agentur@diplom.de
www.diplom.de

www.ingramcontent.com/pod-product-compliance
Lightning Source LLC
La Vergne TN
LVHW092335060326
832902LV00008B/659